¡HOLA Y BIENVENIDOS!

1 a Lee las palabras y ordénalas en la lista correcta.

el verano

el invierno

junio	la nieve
ir a la playa	el viento
la tienda de campaña	el abrigo
el helado	el jersey
la camiseta de manga corta	esquiar
el calor	la camiseta de manga larga
las gafas de sol	diciembre
la piscina	el frío

la nieve

junio

ir a la playa

el viento

la tienda de campaña

el helado

el abrigo

la camiseta de manga corta

el jersey

el calor

esquiar

la camiseta de manga larga

diciembre

las gafas de sol

la piscina

el frío

b ¿Qué te gusta más: el verano o el invierno? Elige uno de los dos y escribe una pequeña historia con el vocabulario de **a**. Fällt dir nichts ein? Lass dich von den Bildern inspirieren!

Individuelle Lösung

2 Un día normal durante las vacaciones y uno durante las clases: ¿qué haces y qué no haces? Toma apuntes y cuenta a tu compañero/-a.

Individuelle Lösung

DE REGRESO EN MADRID

¡ACÉRCATE!

1 ¿Cómo dices que te gusta hacer algo o no? Busca expresiones en el texto de las páginas 12/13.

😊	🙁
me lo he pasado bomba / lo paso bomba	me he aburrido como una ostra
me lo paso pipa	qué paliza
ha sido una pasada	eso a mí no me va nada

2 ¿Pasar las vacaciones en tu pueblo / ciudad? Escribe en tu cuaderno algunas de las expresiones de **1** y lo mejor / peor / más feo / divertido / aburrido / … de pasar las vacaciones en mi ciudad / pueblo es …

3 a Yoli y su hermano hablan sobre sus vacaciones en un pueblo de La Mancha.
Escucha y tacha[1] primero las actividades de las que no hablan.

	😊	🙁			😊	🙁
1. ~~Ir de compras~~			6. Jugar al ordenador		x	
2. ~~Ir a la piscina~~			7. Escuchar música		x	
3. Estar con los primos y sus amigos		x	8. ~~Chatear con los amigos de la ciudad~~			
4. La excursión en bici		x	9. Comer la comida de la abuela		x	
5. ~~Ver películas~~						

1 tachar *durchstreichen*

2 DELE

b Escucha de nuevo y marca con una equis (x) qué (no) le gusta a Juan.

4 Escribe lo que hacen los chicos el último día de vacaciones. Utiliza: *acabar* de + infinitivo, *estar* + gerundio, e *ir* a + infinitivo.

Ejemplo: <u>Lucía acaba de levantarse. Ahora …</u>   <u>Después …</u>

levantarse | ducharse | desayunar

Lucía acaba de levantarse. Ahora está duchándose. Después va a desayunar.

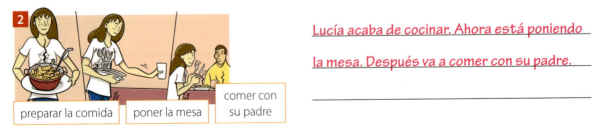

preparar la comida | poner la mesa | comer con su padre

Lucía acaba de cocinar. Ahora está poniendo la mesa. Después va a comer con su padre.

fregar los platos | escribir a su abuela | entrar en Correos[1]

Lucía acaba de fregar los platos. Ahora está escribiendo a su abuela. Va a entrar en Correos.

1 Correos *die Post*

A   YO PREFIERO VIVIR EN EL PUEBLO

DELE **1 a** ¿Correcto o falso? Lee el texto de la p. 15 y marca con una equis (x).

	correcto	falso
1. Los abuelos de Marcela tienen un hotel en Bembibre.		x
2. En Bembibre toda la familia duerme la siesta entre las 3 y las 5 de la tarde.	x	
3. En el pueblo puedes llamar siempre si tienes un buen móvil.		x
4. Marcela está casi todo el día con sus primos.	x	
5. A Lucía le gustaría pasar las vacaciones en un pueblo.		x
6. Mucha gente veranea en Bembibre.	x	
7. Una noche, los chicos hicieron una fiesta con fuegos artificiales en el bosque.		x
8. Aquella noche tuvieron que llamar a los bomberos.	x	
9. En el pueblo nadie habló de lo que pasó.		x

b Corrige las frases falsas.

1. Los abuelos de Marcela tienen una granja en Bembibre.

3. En el pueblo a veces no puedes llamar porque no hay cobertura de móvil.

5. A Lucía no le gustaría pasar las vacaciones en Bembibre.

7. Una noche los chicos hicieron una fogata en el bosque.

8. En el pueblo los vecinos no pararon de hablar sobre lo que paso las siguientes semanas.

2 a Relaciona los verbos con los sustantivos correctos.

armarse   ir   tener   ponerse   pasárselo   pasarlo   dormir   hacer

un jaleo tremendo   bomba   bronca   pipa   una fogata   la siesta   al día   de tiendas

b Cuenta cómo han pasado Lucía y Marcela sus vacaciones. Utiliza las expresiones de **a**.

Lösungsvorschlag: Marcela ha pasado las vacaciones en el pueblo de sus abuelos. Durante el verano están allí todos sus primos y sus tíos. En el pueblo todos duermen la siesta, pero la chica y sus amigos se lo han pasado bomba. Un día hicieron una fogata en bosque, pero tuvieron que llamar a los bomberos. En el pueblo se armó un jaleo tremendo. Lucía ha pasado sus vacaciones en Madrid, pero a ella no le importa porque le gusta irse de tiendas.

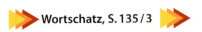
3 a Lee las palabras y busca primero un nombre para cada lista.

b Escribe las demás palabras en la lista correcta.

> el campo   las avenidas   el bosque   los caballos   la ciudad   el supermercado   el cibercafé   el mar
> la granja   la ostra   los peces   el lago   los museos   la sierra
> el volcán   el campesino   el semáforo   el metro   el puerto   la playa

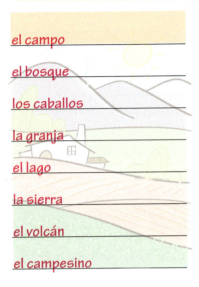

el campo

el bosque

los caballos

la granja

el lago

la sierra

el volcán

el campesino

la ciudad

las avenidas

el supermercado

el cibercafé

los museos

el semáforo

el metro

la playa

el mar

la ostra

los peces

el puerto

■■■ ¡ACUÉRDATE!

4 Completa la entrevista sobre las vacaciones con las preposiciones correctas.

1 Hola, chicos. Contadme, ¿qué os gusta hacer cuando estáis _de_ vacaciones?

Bueno, a mí me gusta participar _en_ un curso de verano o ir _a_ un campamento, _para_ conocer gente nueva.

Yo prefiero encontrarme _con_ mis primos y mis amigos de siempre _en_ el pueblo _de_ mis padres.

Pues si yo puedo jugar _al_ ordenador todos los días y no enterarme _de_ nada, estoy feliz.

2 Y si vuestros padres os preguntan adónde ir _de_ vacaciones, ¿qué decís?

Yo empiezo _a_ buscar en seguida información _en_ internet y organizo todo.

Yo digo que prefiero quedarme _en_ casa.

Pienso _en_ las vacaciones _del_ año pasado. ¿Por qué no ir _al_ mismo sitio?

5 a Marcela escribe un e-mail a sus amigos del pueblo. Completa con la forma correcta de los verbos en pretérito perfecto o en pretérito indefinido.

¡Hola chic@s!: Ayer por la mañana **tuve** (tener / yo) que levantarme muy temprano para preparar

mi mochila. Luego, toda la familia **desayunó** (desayunar) junta. Después del desayuno,

empezaron (empezar) los besos y los abrazos[1] y, como siempre, mi abuela

se echó (echarse) a llorar. Entonces, papá **se quedó** (quedarse) un rato más

5 con ella y yo **ayudé** (ayudar) a mamá a meter las maletas al coche.

A las 12 **salimos** (salir / nosotros) de la granja. Como a la 1 **paramos**

(parar / nosotros), **tomamos** (tomar) unas fotos de las montañas y

comimos (comer) unos bocadillos.

Repetimos (repetir / nosotros) estas pausas unas tres veces más y

10 **llegamos** (llegar / nosotros) a Madrid ¡a las 10 de la noche!

Pero esta mañana **me he levantado** (levantarse / yo) muuuy tarde. Lo

primero que **he hecho** (hacer / yo) **ha sido** (ser) llamar a mis

amigos de Madrid. **Hemos quedado** (quedar / nosotros) en el parque. Y

allí **nos hemos puesto** (ponerse / nosotros) al día: los chicos me

15 **han preguntado** (preguntar) por el pueblo y yo les **he contado**

(contado) nuestras aventuras allí. Luego **hemos ido** (ir / nosotros) a tomar un helado.

¡Casi no puedo esperar a las próximas vacaciones! ¡Este verano **ha sido** (ser) fantástico!

Un besito, Marcela

1 el abrazo *die Umarmung*

---

b Cuenta: ¿qué hizo Marcela ayer y qué ha hecho hoy?

Marcela ayer se tuvo que levantar temprano. Desayunó con su familia y luego ayudó a meter las maletas al coche. Ella y sus padres salieron de la granja a las doce y pararon varias veces para tomar fotos y comer. Llegaron muy tarde a Madrid. Esta mañana ella se ha levantado muy tarde y se ha encontrado con sus amigos. Han quedado para ponerse al día.

6 Haz el tándem. ▶▶ p.71

7 Lucía le cuenta a una amiga sobre las vacaciones de Marcela. Busca la pregunta correcta.

> ¿Sabes que Marcela ha pasado el verano en el pueblo de sus abuelos?
> ¿Puedes imaginar pasar la vacaciones en un pueblo?
> ¿Has oído que a Bembibre va mucha gente a veranear?
> ¿Has visto en un mapa dónde está el pueblo?
> ¿Puedes imaginar que en Bembibre no hay ni cibercafé ni cobertura de móvil?

1 ¿Sabes que Marcela ha pasado el verano en el pueblo de sus abuelos?

Sí, lo sé.

2 ¿Puedes imaginar que en Bembibre no hay ni cibercafé ni cobertura de móvil?

Sí, lo puedo imaginar. En el pueblo de mi madre tampoco hay.

3 ¿Has oído que a Bembibre va mucha gente a veranear?

Sí, lo he oído. ¡Qué guay conocer a mucha gente de muchos lados!, ¿no?

4 ¿Has visto en un mapa dónde está el pueblo?

Sí, lo he visto. Está cerca de León.

5 ¿Puedes imaginar pasar las vacaciones en un pueblo?

No, no lo puedo imaginar. A mí no me gustan los pueblos.

8 a Adivinanzas: completa con los pronombres relativos que o donde.

1. Es una ciudad
   - **que** está en España;
   - **donde** la gente habla español y otro idioma;
   - **donde** hay un museo de ciencias muy grande;
   - **que** es famosa por su paella.

   ¿Qué ciudad es?

   Valencia

2. Es un país
   - **que** está en Centroamérica;
   - **donde** hay muchos animales;
   - **donde** la gente come gallo pinto;
   - **donde** hay muchos volcanes.

   ¿Qué país es?

   Costa Rica

3. Es una ciudad
   - **que** está en el sur de América;
   - **donde** viven más de 12 millones de personas;
   - **donde** hay un obelisco enorme;
   - **que** tiene buenos equipos[1] de fútbol.

   ¿Qué ciudad es?

   Buenos Aires

b Escribe en tu cuaderno una adivinanza más para tu compañero/-a.

1 el equipo *das Team*

9 Completa con los pronombres relativos el / la que o solo con que.

1. Esta es la casa

   __en la que__

   vive Don Quijote.

2. Esta es la cama

   __en la que__

   duerme.

3. Esta es la armadura[1]

   __que__

   lleva Don Quijote.

4. Esta es la habitación

   __en la que__

   tiene todos sus libros.

5. Estos son los libros

   __de los que__

   habla todo el tiempo.

6. Este es el amigo

   __con el que__

   viaja: Sancho Panza.

7. Esta es la chica

   __que__

   le gusta mucho a Don

   Quijote: Dulcinea.

1   la armadura   *die Rüstung*

Landeskunde
Don Quijote ist das Hauptwerk von Miguel de
Cervantes, der bis heute als der bedeutendste
spanische Schriftsteller gilt. Es ist 1605 erschienen.
Don Quijote aus La Mancha begeistert sich so sehr
für Ritterromane, dass er sie selbst erleben will. Sein
Begleiter ist der bauernschlaue Diener Sancho Panza.

10 Une las frases con un pronombre relativo.

1. Este es el pueblo de mis abuelos. He pasado las vacaciones en este pueblo.

   __Este es el pueblo de mis abuelos donde /__

   __en el que he pasado las vacaciones.__

2. Esta es la granja de mis abuelos. Toda la familia veranea en la granja.

   __Esta es la granja de mis abuelos donde /__

   __en la que toda la familia veranea.__

3. Este es el perro de mis abuelos. Siempre salgo a pasear con el perro.

   __Este es el perro de mis abuelos con el que siempre salgo a pasear.__

4. Esta es mi prima Laura. Me llevo muy bien con ella.

   __Esta es mi prima Laura con la que me llevo muy bien.__

5. Esta es la piscina del pueblo. Nos lo hemos pasado bomba en la piscina.

   __Esta es la piscina del pueblo en la que nos lo hemos pasado bomba.__

6. Este es el bosque cerca del pueblo. Hemos hecho una fogata en el bosque.

   __Este es el bosque cerca del pueblo donde / en el que hemos hecho una fogata.__

11 Maya está de vacaciones con sus padres en San Sebastián y ha escrito una tarjeta a sus amigas. Escucha y marca con una equis (x) el dibujo correcto.

1. ¿Qué lleva siempre Maya?

3. ¿Qué fue lo más guay del museo?

2. ¿Qué hay en el centro de la ciudad?

  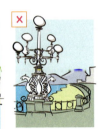

4. ¿Qué ha comido hoy Maya?

12 Las vacaciones. Jugar un papel. | Macht das Rollenspiel. ▸▸ p. 79 / 80

13 **MI RINCÓN** ¡de vacaciones!

Escribe tres cosas que no puedes olvidar[1] en casa cuando vas de vacaciones y por qué.

Escribe tres cosas que prefieres olvidar en casa cuando vas de vacaciones y por qué.

1 olvidar *vergessen*

B   VACACIONES PARA OLVIDAR

1 a Haz el test ¿Listo/-a para la vuelta a clases? Cuenta cuántos ◎, ★ y ► tienes. Ojo, ¡los símbolos verdes valen el doble! Luego, lee el resultado. ¿Es verdad?

¿Listo/-a para la **vuelta a clases?**

Ha llegado el momento de guardar el bañador y sacar los deberes. ¿Estás realmente listo/-a para volver a clases?

1 El colegio empieza dentro de diez días …,
- ► ¿tan pronto?
- ★ necesitas doble sesión de hamaca[1].
- ◎ desde hace dos semanas estás leyendo tus apuntes del año pasado como un/a loco/-a.

2 Durante el verano te has informado sobre lo que vas a aprender este año …
- ◎ para ganar tiempo.
- ★ sin muchas ganas.
- ► ¿Informarme yo?

3 Para este curso te has propuesto[2] …
- ★ no volver a llegar tarde.
- ► no gastar la paga el primer día.
- ◎ ser el/la mejor.

4 La noche antes del día D…
- ★ la pasas delante de tu nueva mochila último modelo.
- ► te quejas sin parar.
- ◎ te cuesta mucho dormirte.

5 ¡Riiiiing! Son las 7:30 h y suena el despertador[3]. Tú …
- ◎ ya te habías levantado.
- ► ¡Oh, no!, te escondes bajo tu cama.
- ★ saltas[5] de la cama.

6 La sección de material escolar[4].
- ► te deprime.
- ★ huele bien[6].
- ◎ te entusiasma.

7 Te encuentras con tus amigos/-as en el patio del cole y …
- ◎ cruzáis los dedos[7] para que os toque el profesor X.
- ★ habláis de lo simpático/-a que es el/la nuevo/-a profe de Inglés.
- ► os contáis las vacaciones.

8 Lo primero que escribes en la agenda es …
- ► la fecha de las próximas vacaciones.
- ★ la primera fiesta de cumpleaños.
- ◎ los próximos exámenes.

¿Tienes más de ◎?
¡Siempre listo/-a!
Esperas el comienzo del curso con impaciencia. Todo es nuevo: los profes, el material escolar, las caras, los horarios … y a ti te encantan las novedades. Así que quieres estar preparado/-a. Prefieres organizar con tiempo el programa escolar y el material. Así no te entra el pánico. Lo del surf y el sol estuvo bien, pero el ambiente con tus amigos, es mejor, claro …

¿Tienes más de ★?
¡Viva la vida!
¡Las vacaciones han sido guay! Y lo de volver al cole te parece bien. Vives el presente. Te preparas la noche anterior, con eso basta. En tu mochila solo hay lo necesario: zapatos nuevos, agenda … y, de todos modos, siempre estás de buen humor. No eres una persona difícil. Te sientes seguro/-a de ti mismo/-a. La vuelta al cole no te produce ni frío ni calor. Está bien. ¡Pero no es muy divertido!

¿Tienes más de ►?
Auténtica alergia
¿Cómo? ¿Ya? ¡No puede ser! ¡Oh, no, el timbre, los deberes, los exámenes …! ¡Es demasiado. ¡No quieres ir! Lógico, tienes la cabeza en las brumas del verano. Necesitas tiempo para aterrizar[8]. Te cuesta llegar a la hora y olvidas en casa los libros y los cuadernos. Intenta prepararte para la vuelta al cole poco a poco: vas a ver cómo te cuesta mucho menos.

Okapi, 2008, texto adaptado

1 la hamaca *die Hängematte*
2 proponerse *sich vornehmen*
3 el despertador *der Wecker*
4 la sección de material escolar *die Schreibwarenabteilung mit Schulsachen im Kaufhaus*
5 saltar *springen*
6 huele bien *riecht gut*
7 cruzar los dedos *die Daumen drücken*
8 aterrizar *landen, hier: ankommen*

b Eine Freundin, die kein Spanisch versteht, möchte wissen, wie du bei dem Test abgeschnitten hast. Fasse ihr dein Ergebnis auf Deutsch zusammen und notiere es.

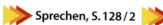 

Sprechen, S. 128 / 2

<u>Individuelle Lösung</u>

AUTOCONTROL

1   Completa el crucigrama con los sustantivos correctos.

1. Para estar en la [●●●] puedes ir a un parque nacional.
2. Un [●●●] es una casa en la montaña.
3. Lo malo de subir esta montaña es la [●●●].
4. [●●●] es contar cosas sobre los demás.
5. Una [●●●] es un grupo de montañas.
6. Si la noche es bonita, hacemos fuera una [●●●].
7. Después de la comida los españoles duermen la [●●●].
8. En algunas playas hay muchas [●●●].
9. Si tienes problemas con la fogata, llama a los [●●●].
10. En una [●●●] viven caballos y otros animales.

2   Forma frases con *acabar* de + infinitivo, *estar* + gerundio o *ir* a + infinitivo.

1. Miguel / *comer* un helado   _____

2. el abuelo / *leer* el periódico   _____

3. La familia de Ana / *ir* de vacaciones   _____

4. Andrés y Oldemar / *hacer* un examen   _____

5. Tania / *cruzar* la calle   _____

6. nosotros / *limpiar* la habitación.   _____

3   Completa con donde o con preposición + el / la que.

1. Cuando te vas de viaje, hay muchas cosas _____ debes pensar.

2. El primo _____ fui al pueblo de mis abuelos se llama Pedro.

3. Esta es la calle _____ paso cada mañana.

4. Francia y Portugal son los países _____ limita España.

5. El pueblo _____ pasamos las vacaciones se llama Zahara de la Sierra.

6. Julia es la chica _____ me encuentro para estudiar Inglés.

4 Was sagst du …

1. … wenn du dich köstlich amüsierst?

_____

2. … wenn du dich unglaublich langweilst?

_____

3. … wenn dir etwas nicht liegt?

_____

4. … wenn dir etwas unglaublich gut gefällt?

_____

5 ¿Qué han hecho Marcela y los chicos estas vacaciones? Contesta y utiliza el pretérito perfecto.

1. Marcela *estar* en la granja de los abuelos.

_____

2. Lucía *quedarse* en Madrid. *tener* que empollar.

_____

3. Diego y su familia *dar* una vuelta a Tenerife en bici.

_____

4. Pablo *pasar* el verano en la sierra.

_____

6 ¿Qué hicieron los chicos ayer? Contesta y utiliza el pretérito indefinido.

1. Marcela *estar* en el coche todo el día. *volver* a Madrid por la noche.

_____

2. Lucía *ir* de tiendas todo el día. Luego, *ver* una peli con una amiga.

_____

3. Diego *leer* cinco cómics. Después, *jugar* al ordenador.

_____

4. Pablo *caminar* con sus primos por la montaña. Luego, *comer* con toda la familia.

_____

7 Completa con las formas del pretérito indefinido o del pretérito perfecto.

1. Esta mañana _____ (*estudiar*/yo) con Lucía y Pablo.

2. Ayer Diego _____ (*llamar*) por teléfono a Marcela.

3. Hasta ahora Lucía _____ (*recibir*) tres mensajes de sus amigos.

4. Diego y Pablo ya _____ (*ir*) a Tenerife.

5. La semana pasada Marcela _____ (*visitar*) los Picos de Europa.

6. Nosotros _____ (*quedar*) en el parque esta tarde.

Lösungen
S. 83

¡DESCUBRE MADRID!

¡ACÉRCATE!

1 Lee el texto de las páginas 24 y 25 y completa las frases.

1. El kilómetro cero de España está en **la Puerta del Sol.**

2. En Casa de Campo hay **un parque con un lago, un teleférico, un zoológico y un parque de atracciones.**

3. Atocha RENFE es **una estación de trenes.**

4. En Atocha hay **un palmeral.**

5. El Real Madrid juega en **el estadio Santiago Bernabéu.**

6. En la Plaza Mayor puedes comprar **tarjetas postales o recuerdos.**

7. En el Museo del Prado y en el Reina Sofía puedes ver **4.000 cuadros de pintores famosos.**

2 Escribe los números en cifras.

1. Madrid es la capital de España desde el año **1561** *(mil quinientos sesenta y uno).*

2. Esta ciudad tiene **3 230 000** *(tres millones doscientos treinta mil)* habitantes.

3. **80 354** *(Ochenta mil trescientas cincuenta y cuatro)* personas pueden ver un partido en el Santiago Bernabéu.

4. **2.673** *(Dos mil seiscientas sesenta y tres)* personas visitan al año el Museo del Prado.

5. En Madrid hay **81 764** *(ochenta y un mil setecientos setenta y cuatro)* hombres que se llaman Antonio

y **91 829** *(noventa y un mil ochocientas veintinueve)* mujeres que se llaman María Carmen.

3 Escucha y marca con una equis (x) el número correcto.

1. a) 550 601 [x]
   b) 560 500
   c) 556 600

2. a) 2 904 000
   b) 2 984 000 [x]
   c) 2 080 004

3. a) 67 241
   b) 77 241 [x]
   c) 67 041

4. a) 31 444 [x]
   b) 31 344
   c) 31 544

5. a) 1 399 000
   b) 1 300 099
   c) 1 399 009 [x]

4 El metro de Madrid. Escucha y escribe las cifras.

1. Los madrileños hacen al año **692 000 000** viajes en metro.

2. **2 500 000** personas utilizan el metro cada día.

3. El metro de Madrid tiene **330** trenes.

4. La red de metro[1] de Madrid tiene **13** líneas.

5. Cada tren va cada día **540** kilómetros.

1 la red de metro *das Liniennetz*

5 Preguntar por el camino en metro. Jugar un papel. ▶▶ p. 79 / 80

A ¿LO SABÍAS?

1 Haz el crucigrama.

1. Antes, la Plaza Mayor era un [...], al que la gente iba de compras.
2. El [...] trabajaba de noche y tenía todas las llaves de su barrio.
3. Si no tienes luz eléctrica necesitas una [...] para alumbrar el pasillo.
4. Hace muchos años Madrid tenía una [...] para defender la ciudad.
5. En la Plaza Mayor también había muchos [...] que entretenían a la gente.
6. En Madrid la entrada para los museos es [...] para estudiantes, es decir, ellos no pagan.
7. Hace muchos años los madrileños recogían las aguas sucias en [...].
8. Hasta el siglo XVI, Madrid todavía no era la [...] de España.
9. Antes los actores actuaban en grandes patios que se llamaban [...].

2 Lee el texto de la p. 28 y completa las frases.

1. La Puerta de Sol se llamaba así porque **la gente veía salir el sol detrás de ella.**

2. La Plaza Mayor era un buen sitio para los artistas porque **siempre había muchos vendedores y gente que hacía la compra.**

3. La gente gritaba «¡Agua va!» cuando **tiraba a la calle las aguas sucias por la ventana.**

4. El sereno llevaba muchas llaves porque **la gente normalmente no tenía las llaves de la puerta principal de su casa.**

5. El sereno alumbraba los pasillos con cerillas porque **no había luz eléctrica en los pasillos.**

6. El sereno cantaba la hora porque **mucha gente no tenía reloj.**

7. El sereno gritaba «las doce y sereno» cuando **eran las doce de la noche y no había nubes en el cielo.**

3 Pon los acentos.

Antes yo trabajaba como sereno. Mi barrio era el barrio de Salamanca, donde vivía la gente rica. Yo salía siempre de casa como a las 6 de la tarde y llegaba a Salamanca como a las 7. Allí me ponía mi uniforme y salía a la calle. Yo tenía las llaves de todas las casas y siempre llevaba cerillas. Si la gente quería algo gritaba «¡Sereno!» y yo iba y los ayudaba. Alguna gente era muy simpática conmigo, otra no. Normalmente, como a las 12 de la noche, nos encontrábamos todos los compañeros y tomábamos algo caliente. Luego volvíamos al trabajo.

4 Completa con la forma correcta del pretérito imperfecto.

Oficios de antes: el pregonero

Antes, cuando no **había** (haber) ni radio, ni

internet y la gente no **veía** (ver) las noticias[1] en la

televisión, si alguien **quería** (querer) saber algo

leía (leer) los periódicos[2] u **oía** (oír) las

noticias en la calle de la boca de un pregonero.

El pregonero **era** (ser) un hombre que

contaba (contar) en la calle cosas importantes.

Siempre que **pasaba** (pasar) algo,

el pregonero **salía** (salir) a la calle con

su corneta[3]. **Iba** (ir) a una esquina,

tocaba (tocar) su corneta y **contaba**

(contar) las noticias en voz muy alta[4]. Entonces, las personas que **estaban** (estar) por allí

se enteraban (enterarse) de cosas antes de leer el periódico.

1 la noticia *die Nachricht*   **2** el periódico *die Zeitung*   **3** la corneta *das Horn* Instrument   **4** en voz alta *laut*

5 ¿Cómo era tu compañero/-a cuando tenía 7 años? Hazle las siguientes preguntas y escribe sus respuestas.

1. ¿Dónde **vivías** (vivir/tú)?   <u>Individuelle Lösung</u> _____

2. ¿Cómo **se llamaba** (llamarse) tu colegio?   _____

3. ¿Qué te **gustaba** (gustar) y qué no te   _____

   gustaba (gustar)?   _____

4. ¿De qué **tenías** (tener/tú) miedo?   _____

5. ¿Qué música **escuchabas**   _____

   (escuchar/tú)?   _____

6. ¿Cómo **se llamaba** (llamarse) tu   _____

   mejor amigo/-a?   _____

7. ¿**Tenías** (tener/tú) un libro favorito? ¿Cuál _____

   era (ser)?   _____

8. ¿Cuál **era** (ser) tu película favortita?   _____

9. ¿Qué **hacías** (hacer/tú) en tu tiempo libre? _____

10. ¿Adónde **íbais** (ir/vosotros) en las   _____

6 a Encuentra los errores y apúntalos. Utiliza el pretérito imperfecto.

> *ir* en …   *comer* …   *escuchar* música con …
> *trabajar* con …   (no) *haber* …   *tener* …
> *comprar* en …   *llamar* con …

En aquella época la gente no iba en bici. Entonces la gente tampoco … comía hamburguesas.

La gente no escuchaba música con mp3 ni trabajaba con ordenadores. En aquella época no

había luz eléctrica ni agua corriente. No había rascacielos. La gente no tenía televisión.

Entonces la gente tampoco compraba en supermercados ni llamaba con el móvil.

_____

_____

_____

b ¿Cómo eran las cosas antes? Escribe dos frases más.

_____

_____

7   Höre zu und kreuze an, was sin decir agua va bedeutet.   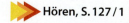 **Hören, S. 127 / 1**

6

    1. Ohne jemanden nass zu machen. ———— ☐
    2. Ohne jemanden vorzuwarnen. ———— ☒
    3. Ohne jemanden zu überraschen. ———— ☐

8 ¿Conoces Madrid? Escribe debajo de cada foto el nombre del lugar.

la Puerta de Sol

el Estadio Bernabéu

la plaza Mayor

Atocha Renfe

el Retiro

Casa de Campo

■■■ ¡ACUÉRDATE!

9 Completa con en, desde, desde hace, hace y desde … hasta.

Hace tres meses fui a Madrid con mi mejor amiga Anita para visitar a sus tíos y a su primo Guillermo. Desde ese viaje Guillermo y yo somos muy amigos. Nos escribimos todo el tiempo o chateamos.

La semana que viene voy a ir con mis padres otra vez a la capital. Vamos a estar allí desde el 15 hasta el 21 de octubre. Voy a mostrarles a mis padres todo lo que vi en agosto: la Plaza Mayor, el Palacio Real, la estatua de Don Quijote y mucho más. También tengo ganas de ver a Guillermo, ¡no nos hemos visto desde hace tres meses!

10 Haz el tándem. ▶▶ p. 72

■■■ TALLER DE ESCRITURA

11 a Lee los dos e-mails de Víctor y subraya con colores en el segundo e-mail los <u>adjetivos</u>, las <u>expresiones</u>, los <u>adverbios</u>, los <u>adverbios temporales</u>, y los <u>conectores</u>.

1

Hola, Leo:

Nosotros estamos en Barcelona. Estamos en un hotel. El hotel está en el centro. El hotel es pequeño. El hotel es muy moderno.

El hotel está cerca de la playa. Mis padres y yo vamos a la playa y nadamos en el mar.

5 Hoy hace sol. Queremos hacer una excursión a un pueblo. Queremos ir al cine. Vamos a ver la película de Javier Bardem.

Vamos a ir a un parque de atracciones. El parque de atracciones está en el monte Tibidabo.

¡Escríbeme pronto!

10 Saludos,
Víctor

2

Hola, Leo:

¿Qué tal tus vacaciones? ¿Lo estás pasando bien?

Nosotros estamos desde hace una semana en Barcelona y lo estamos pasando pipa aquí.

Estamos en un hotel en el centro de la ciudad. El hotel es pequeño pero muy moderno.

5 Además, está cerca de la playa. Mis padres y yo vamos todas las mañanas a la playa y nadamos un rato en el mar. ¡No te imaginas qué guay!

Como hoy hace mucho sol queremos hacer una excursión a un pueblo muy bonito que hay por aquí.

Por la noche queremos ir al cine. Probablemente vamos a ver la nueva película de Javier Bardem. ¿La conoces?

10 Mañana vamos a ir a un parque de atracciones muy divertido que está en el monte Tibidabo.

¡Escríbeme pronto!

Saludos,
15 Víctor

Wie kannst du bessere Sätze schreiben, z. B. in einer E-Mail?
Verwende viele <u>Adjektive</u> wie: impresionante, interesante, estupendo/-a, divertido/-a, diferente, alucinante …
Verwende viele <u>Redemittel</u>, um zu sagen, was dir (nicht) gefällt: ¡Qué guay!, ¡Mola!
Verwende <u>Adverbien</u> wie: muy, realmente, normalmente, probablemente,
sowie <u>temporale Adverbien</u> wie: hoy, ayer, hace dos días, desde, desde hace …
Verwende <u>Konnektoren</u> wie: y, además, o, pero, sin embargo, sino, en cambio, es decir, o sea, porque, así que, como (am Satztanfang).

b ¡Ahora tú! Tú eres Leo y estás de vacaciones en Berlín. Escríbele a Víctor en tu cuaderno y cuéntale dónde estás, qué tiempo hace, qué vas a hacer hoy y qué vas a hacer mañana.

El parque zoológico

Un paseo en bicicleta por Berlín

La torre[1] de televisión

1 la torre *der Turm*

B CAMBIO DE AMIGOS

Historia del Real Madrid para jóvenes

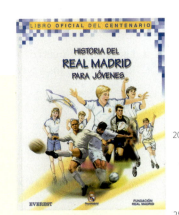

¿Conoces el Real Madrid? ¡Seguro que sí! Porque el Real Madrid es uno de los equipos de fútbol más famosos de todo el mundo. ¿Sabías que en España la gente lo llama el «equipo de los galácticos»? ¡Lo llaman así porque allí
5 sólo juegan estrellas[1]! En 2002 la FIFA lo eligió el «Mejor Club del Siglo XX».
Antes, el Real Madrid se llamaba Sociedad Madrid Foot Ball Club. El nombre estaba en inglés para indicar[2] que era un deporte de Inglaterra.
10 El primer estadio del equipo estaba en la avenida de la Plaza de Toros y la dueña era la reina María Cristina. Ese estadio era muy diferente al estadio Satiago Bernabéu. El campo era de tierra[3] y no había asientos[4] para muchas personas. Lo bueno era que el alquiler[5] no era
15 muy caro: costaba al año entre 125 y 150 pesetas[6], es decir, ¡menos de un euro!
Y no sólo eso era diferente en aquella época: al inicio los jugadores no conocían bien las reglas y todos corrían a la vez detrás del balón sin ningún orden. Además,
20 durante los partidos los jugadores paraban para conversar. Claro, es que los partidos duraban entre ¡dos y tres horas!
25 El primer uniforme del Real Madrid era un pantalón azul oscuro y corto, una camiseta blanca y medias oscuras. Los jugadores usaban este uniforme para los partidos normales. Para los partidos especiales vestían pantalo-
30 nes y camiseta blancos con medias negras y una gorra azul oscura. ¿Puedes imaginarte a Íker Casillas con este uniforme? Elegante, ¿no?
Las personas llamaban al árbitro[7] «el señor de negro» porque su uniforme era sólo de este color. En cambio
35 hoy, los trajes de los jueces de fútbol o árbitros tienen más colores.

© Fundación Real Madrid: Historia del Real Madrid para jóvenes, 2002: texto adaptado

1 la estrella *der Star*	3 la tierra *die Erde*	5 el alquiler *die Miete*	7 el árbitro *der / die Schiedrichter/in*
2 indicar *auf etw. hinweisen*	4 el asiento *der Sitz*	6 la peseta *frühere Währungseinheit Spaniens*	

DELE **1** Marca con una equis (x) la respuesta correcta.

1. Antes el Real Madrid tenía el nombre en inglés porque …
   - a) todos los jugadores hablaban inglés. ☐
   - b) el deporte era de Inglaterra. ☒
   - c) los jugadores eran de Inglaterra. ☐

2. Al principio, los jugadores …
   - a) jugaban con otras reglas. ☐
   - b) conocían bien las reglas, pero igual corrían sin nigún orden. ☐
   - c) no conocían bien las reglas. ☒

3. Antes, los árbitros …
   - a) llevaban un uniforme de color negro. ☒
   - b) no tenían uniforme. ☐
   - c) llevaban un uniforme de muchos colores. ☐

■■■ **APRENDER MEJOR**

2 Einen Text strukturieren

a Escribe cuál es el tema del texto.

   <u>La historia del Real Madrid</u>

b Divide el texto en seis partes y busca un título para cada parte.

1. <u>El equipo ahora</u>   4. <u>Los partidos antes</u>

2. <u>Historia del nombre</u>   5. <u>Uniforme de los jugadores</u>

3. <u>Historia del estadio</u>   6. <u>Uniforme del árbitro</u>

c Escribe en una frase por qué (no) te parece interesante el texto.

   <u>El texto (no) me parece interesante porque …</u>

AUTOCONTROL

1 Escribe el nombre de las cosas con el artículo.

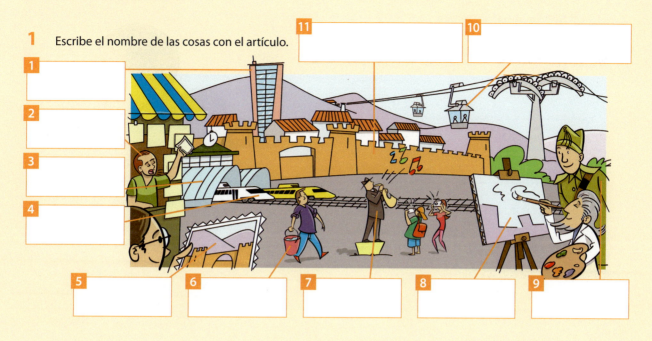

1

2

3

4

11

10

5

6

7

8

9

2 Escribe los números en cifras.

España tiene _____ *(cuarenta y seis millones seiscientos sesenta y un mil novecientos cincuenta)*

habitantes.

La montaña más alta de toda España es el Teide, en la isla de Tenerife, con una altura de _____ *(tres mil*

setecientos dieciocho) metros.

El Tajo es el río más largo de España, tiene _____ *(mil ocho)* kilómetros de largo.

España tiene _____ *(diecinueve)* Comunidades autónomas[1]. La comunidad con más habitantes es

Andalucía, donde viven _____ *(ocho millones doscientos dos mil doscientos veinte)* habitantes.

Y la comunidad con menos habitantes es Melilla, donde sólo viven _____ *(setenta y un mil*

cuatrocientos cuarenta y ocho) habitantes.

1 Comunidades autónomas in etwa *Bundesländer*

3 Completa la tabla con los infinitivos y las formas del pretérito imperfecto que faltan.

trabajar			ser	
	vivía			
		ibas		veías
				veía
trabajábamos				
		ibais		
	vivían		eran	

4   ¿Qué hacía Marcela cuando tenía 7 años? Escribe frases en el pretérito imperfecto.

1. *Ir* al cole con su amiga Patricia.

_____

2. *Ser* buena alumna.

_____

3. *Hacer* muchas preguntas a sus padres.

_____

4. No *ordenar* nunca su habitación.

_____

5. *Estar* siempre con sus primos.

_____

6. Casi nunca *ver* la tele.

_____

7. *Pasar* las vacaciones con sus abuelos en Bembibre.

_____

_____

5   Pablo compara cómo era antes y cómo es ahora. Completa las frases con la forma correcta del pretérito imperfecto.

1. Ahora soy casi tan grande como mi padre. Antes yo _____ muy pequeño.

2. Ahora voy solo a casi todas partes. Antes yo _____ siempre con mis padres.

3. Ahora juego en el club de baloncesto de mi barrio. Antes yo _____ con mis amigos.

4. Ahora veo películas de aventuras. Antes _____ películas de dibujos animados[1].

5. Ahora voy todos los veranos a un campamento. Antes mi familia y yo _____ juntos a la playa.

6. Ahora Paul Gasol y Amaia, la cantante, son mis ídolos. Antes mis ídolos _____ Mortadelo y Filemón.

[1] la película de dibujos animados *der Trickfilm*

6   Was sagst du, wenn …

1. … du den Preis von einer Fahrkarte wissen willst?

_____

2. … du einen/-e Freund/in darauf hinweisen möchtest, dass sich jemand gerade vordrängelt?

_____

3. … du den Weg zu Plaza Mayor wissen möchtest?

_____

Lösungen
S. 83 / 84

LA VIDA EN CASA

¡ACÉRCATE!

1 a Escribe lo que están haciendo los chicos.

Mario está limpiando el rinconcito del gato.

Alejandra está llevando las botellas al

contenedor. Carla está ordenando su

habitación. Andrés está metiendo los platos

en el lavavajillas. Luis está paseando con el

perro. Miguel está haciendo la compra.

b ¿Qué tareas te parecen importantes hacer en casa y qué no? ¿Por qué?

A mí me parece …

Individuelle Lösung

2 Escucha y marca con una equis (x) lo que tienen que hacer los chicos.

1. a) Marcos tiene que sacar la basura. ☐
   b) Marcos tiene que encargarse de las botellas. ☒
   c) Marcos no tiene que hacer nada. ☐

2. a) Laura tiene que hacer sus deberes. ☐
   b) Laura tiene que ir a casa se su abuela. ☐
   c) Laura tiene que meter cosas en el lavavajillas. ☒

3. a) Noemi ayuda a su primo a hacer sus deberes. ☒
   b) Noemi lleva las botellas y el papel al contenedor. ☐
   c) Noemi tiene que separar los envases. ☐

4. a) Ignacio prepara la comida. ☐
   b) Ignacio tiene que limpiar su habitación. ☐
   c) Ignacio tiene que limpiar el rincón de su gato. ☒

Landeskunde

In vielen spanischen Städten befinden sich alle Recycling-Container auf der Straße. Wie in Deutschland gibt es gelbe Container für Verpackungen, grüne Container für Glas und blaue Container für Papier. Den größten Recycling-Anteil in Spanien hat Papier.

3 Hoy te toca a ti organizar las tareas de casa. Escribe una nota para tu familia imaginaria. Utiliza el imperativo.

Hola mamá, papá y Pepe, hoy llego tarde. Por favor ordenad la cocina …

Individuelle Lösung

4 a Describe el armario de Pablo. Utiliza demasiado/-a y poco/-a.

En el armario de Pablo hay demasiadas

camisetas amarillas … hay pocas

camisetas verdes, demasiadas gorras

azules pero pocas gorras verdes. Hay pocas

zapatillas de deporte pero muchos zapatos

negros. Hay pocos pantalones rojos pero

muchos amarillos. Además hay muchas

camisetas negras.

b ¡Ahora tú! Describe tu armario. Utiliza demasiado/-a y poco/-a.

5 Busca el sustantivo correcto para cada diminutivo.

1. el pisito   el piso

2. la abuelita   la abuela

3. el pastelito   el pastel

4. el ratoncito   el ratón

5. el jardincito   el jardín

6. el viajecito   el viaje

A   ¡NO ES JUSTO!

1   Lee el texto de la p. 41 y une las frases con una línea.

Hace dos días .... **1**   **a** .... llegué a casa.

Como todos los miércoles .... **2**   **b** .... perdió otras llaves.

Hace unos seis meses .... **3**   **c** .... Pablo se levantó temprano.

Como siempre .... **4**   **d** .... le pregunté al conductor del autobús.

Anteayer .... **5**   **e** .... tenía clase.

Ayer .... **6**   **f** .... tenía las llaves en el bolsillo.

b   Subraya[1] con <u>rojo</u> los marcadores temporales del pretérito imperfecto y con <u>azul</u> los del pretérito indefinido.

1 subrayar *unterstreichen*

2   Marca con una equis (x) el marcador temporal correcto.

1. [•••] Lucía no hacía nunca sus deberes.
   a) Hace dos años ☐
   b) Ayer ☐
   c) Antes ☒

2. [•••] ella sacaba siempre malas notas.
   a) La semana pasada ☐
   b) Hace dos días ☐
   c) En aquella época ☒

3. [•••] la chica cambió.
   a) Normalmente ☐
   b) El año pasado ☒
   c) Como siempre ☐

4. [•••] empezó a estudiar más.
   a) De repente ☒
   b) Hasta ahora ☐
   c) Siempre ☐

5. [•••] las notas de la chica parecían un gran problema y ahora está todo bien.
   a) Luego ☐
   b) Hasta hace unos meses ☒
   c) Al final ☐

3 a   Lee el texto y subraya con <u>rojo</u> las frases en las que hay una descripción y con <u>azul</u> en las que hay una acción.

Era invierno y hacía mucho frío. La gente llevaba abrigo y bufanda[1]. En la calle nadie paraba ni para mirar las tiendas ni para hablar. Todo el mundo parecía tener prisa. En el mercado las cosas estaban igual que siempre. Los vendedores de carne a la derecha, los de verduras, a la izquierda. Las señoras iban y venían con sus bolsas de la compra; charlaban con los vendedores y se reían de sus chistes.
Marina llegó al mercado y buscó la lista de la compra. La leyó rápidamente y fue adonde Benito, su vendedor preferido. Benito le contó sus últimas aventuras en la sierra. Después de charlar un rato, la chica tomó un kilo de patatas, le pagó a Benito y empezó a buscar las demás cosas de la lista.
Ya era tarde. Marina estaba cansada y sus bolsas estaban llenas. Sólo tenía que comprar huevos y queso. Cuando llegó al lugar de los huevos, pidió ocho huevos grandes. Metió la mano en el bolsillo para sacar su monedero, pero el bolsillo estaba casi vacío. Allí sólo había un caramelo …

1 la bufanda *der Schal*

b   Dibuja a Marina y describe como se sentía. Puedes utilizar:

estar nervioso/-a   *sentirse* bien / mal / terrible / … (no) *saber* qué hacer   no *parar* de hablar / llorar / quejarse …

<u>Lösungsvorschlag: Estaba muy nerviosa. Se sentía</u>

<u>terrible y no sabía qué hacer. No paraba de llorar y</u>

<u>parecía muy preocupada.</u>

c Inventa cómo resolvió Marina su problema.
Puedes utilizar:

> Primero… Luego… Después… Al final …
> *sacar* las cosas de las bolsas   *buscar* por todas partes
> *preguntarle* a todo el mundo
> *ir* de nuevo adonde el vendedor de huevos
> *encontrar* allí su monedero al lado de las cajas

Lösungsvorschlag: Marina sacó primero las cosas de las bolsas. Luego buscó por todas partes y le preguntó a todo el mundo. Después fue de nuevo adonde el vendedor de huevos. Al final encontró allí su monedero al lado de las cajas.

---

4 a Pablo le escribe a su amigo Jorge sobre su problema. Completa el texto con las formas correctas del pretérito imperfecto y del pretérito indefinido.

> Hola, Jorge:
>
> ¿Qué tal? Yo estoy fatal. No puedes imaginar qué bronca tengo … Anteayer **perdí** *(perder)* mis
>
> llaves. Cuando **llegué** *(llegar / yo)* a casa, mi madre ya **estaba** *(estar)*, pero no le
>
> **dije** *(decir / yo)* nada. **Me fui** *(irse)* a mi habitación porque me **sentía** *(sentir)*
>
> 5   muy mal y no **quería** *(querer)* hablar con nadie.
>
> Ayer **busqué** *(buscar)* las llaves por todas partes. En el instituto todos me
>
> **ayudaron** *(ayudar)*, pero aun así no las **encontramos** *(encontrar / nosotros)*. Lo peor es que hace seis meses **perdí** *(perder)* otro juego de llaves y **tuve** *(tener)* mucha bronca en casa … Acabo de contarle a mis padres y vamos a cambiar todas las cerraduras.
>
> 10   Mi padre dice que esta vez tengo que pagarlas yo. ¡Con la poca paga que me dan! … Entonces, Jorge,
>
> mañana no puedo ir al cine.   Adiós, Pablo

b Tú eres Jorge. Respóndele a Pablo. Cuéntale que tú también tuviste ayer bronca y por qué.

Individuelle Lösung

5 a Ordena las frases y cuenta la historia de Chema.

3 Antonio *(irse)* para buscar a su prima. Chema *(quedarse)* en el salón. Entonces *(ver / él)* al otro lado del salón a una chica.

1 Un día Antonio *(invitar)* a Chema a una fiesta en casa de una prima. Los dos chicos *(tomar)* el autobús y *(llegar)* a la casa de la chica.

5 Unos minutos después *(llegar)* Antonio y Chema le *(preguntar)* por la chica. Entonces Antonio le *(presentar)* a la chica.

4 La chica *(parecer)* muy simpática. *(estar)* sonriendo. *(tener)* el pelo largo y rubio. Además, *(llevar)* vaqueros negros y una camiseta como la de Chema.

2 En la fiesta *(haber)* mucha gente: algunos *(estar)* comiendo, otros charlando, pero ninguno *(estar)* bailando.

Un día Antonio invitó a Chema a una fiesta en casa de una prima. Los chicos tomaron el autobús y llegaron a la casa de la chica.

En la fiesta había mucha gente: algunos estaban comiendo, otros charlando, pero ninguno estaba bailando.

Antonio se fue para buscar a su prima. Chema se quedó en el salón. Entonces vio al otro lado del salón a una chica.

La chica parecía muy simpática. Estaba sonriendo. Tenía el pelo largo y rubio. Además, llevaba vaqueros negros y una camiseta negra como la de Chema.

Unos minutos después llegó Antonio y Chema le preguntó por la chica. Entonces Antonio le presentó a la chica.

b Continúa la historia.

Schreiben, S. 131 / 1

Individuelle Lösung

6 Un problema con tu hermano/-a. Jugar un papel. ▶▶ p. 79 / 80

7 Escucha y marca con una equis.

1. En esta clase los chicos aprenden …
   a) cosas útiles para el instituto. □
   b) cosas útiles para el trabajo. □
   c) cosas útiles para la vida en casa. ☒

2. Esta clase les enseñar a los chicos a …
   a) ser responsables y que esto
      no tiene que ser divertido. □
   b) no ser responsables y que esto puede ser
      divertido. □
   c) ser responsables y que esto
      puede ser divertido. ☒

3. Lo que más le gusta al chico es …
   a) limpiar. □
   b) cocinar. ☒
   c) cuidar la ropa. □

4. A Inés no le gusta esta clase porque …
   a) en casa ella lo hace todo porque a sus padres
      eso de limpiar y cocinar no les va nada. □
   b) en casa sus padres hacen todo y
      eso de limpiar y cocinar no le va nada. ☒
   c) en casa ella y sus padres hacen todo y
      eso de de limpiar y cocinar no le va nada. □

8 Haz el tándem. ▸▸ p. 73

■■■ **APRENDER MEJOR**

9 a Desde hace dos años tus padres te dan la misma paga, pero tú necesitas más.
Escribe tres argumentos a favor de más paga y los argumentos en contra de tu padre / madre.

a favor 😊	en contra 😟

b Prepara la escena con tu compañero/-a y representadla en clase.

10 MI RINCÓN ¡En mi habitación!

Escribe cómo era tu habitación cuando eras niño/-a y cómo es ahora. Si tienes una foto de tu habitación de hoy, pégala al lado de tu texto.

B   EL LIBRO INVISIBLE

Mi habitación y yo

Adrián: La mesa de trabajo la compramos cuando
empecé la ESO: la escogí[1] grande y con estantes. Estoy
en mi habitación sobre todo cuando estudio y a la hora
de dormir. Aunque me gusta echarme[2] en la cama a leer
5   o a jugar con la consola[3], salgo a menudo para ver la
tele, para hacer maquetas[4] o porque quedo fuera de
casa.
Antes, para ir a la habitación de mi hermana había que
pasar por la mía. Hace seis años mis padres hicieron una pared. Mi habitación es ahora más pequeña, pero estoy
10 más tranquilo y, entre las dos habitaciones hay una habitación pequeña con una tele para mi hermana y para mí.
Nos peleamos por el sillón más cómodo[5], pero es guay.

Amelia: Compramos una estantería y un espejo. Mi
madre los pintó y yo decoré el espejo. En mi habitación,
hay verde por todas partes, pero no es mi color favorito.
15 Hemos pintado las cosas de verde para que pegue[6] con
la pared, que tiene hojas verdes. La pared es de color
amarillo porque así la habitación se ve más
clara.
Mi escritorio me sirve solo para dejar cosas, porque
20 normalmente hago lo deberes en la cama o en el suelo. De todos modos, mi habitación es para hacer los
deberes y dormir. Paso mucho tiempo en la habitación de al lado, en el ordenador o tocando música.

Louise: Mi hermana de 22 años ha vuelto a casa por
unos meses. Ha sido difícil para mí tenerla de nuevo en
25 mi habitación, pero nos entendemos superbién y nos
reímos mucho. Cada una es dueña de su espacio y así
todo es más fácil. Su decoración africana no me gusta
mucho, pero no importa.
Mi lado de la habitación habla de mí. En él he puesto los
30 objetos que más me gustan. En la pared, he colgado una
camiseta de baloncesto con mi nombre. Es un regalo
que me hicieron mi hermano y mi hermana.

Okapi, 2008, texto adaptado

1 escoger *auswählen*	3 la consola *die Spielkonsole*	5 cómodo/-a *bequem*
2 echarse en la cama *sich hinlegen*	4 la maqueta *das Modell*	6 pegar *hier: zusammenpassen*

1   Compara tu habitación con las habitaciones de Adrián, Amalia y Louise.

_____

_____

_____

2   ¿Qué cosas tienes que hacer y qué cosas te gustan hacer en tu habitación?

_____

_____

_____

AUTOCONTROL

1 Completa las frases con la palabra o expresión correcta.

1. Llevo las cosas para reciclar al _____.

2. Meto los platos sucios en el _____.

3. Le enseño a mi perro a _____.

4. En casa yo no hago nada, yo no tengo que _____.

5. Mi hermana es muy divertida, a ella le gusta _____.

2 Completa con demasiado/-a.

Mi hermana y yo dormimos en la misma habitación. El problema es que ella tiene _____

cosas: _____ libros, _____ ropa, _____

zapatos. También tiene _____ carteles en las paredes, y desde que juega al fútbol tiene

_____ pelotas. ¡Y claro!, como la habitación tampoco es enorme, yo no tengo sitio para mis

cosas. Ella dice que el problema es que yo tengo _____ gorras. Pero no es verdad, ¡sólo

tengo cincuenta y mi mejor amiga tiene más!

3 Completa el texto con el pretérito indefinido o el pretérito imperfecto.

Hace una semana nos _____ (visitar) mi prima Viviana. Vivi _____ (llegar) un

domingo muy temprano por la mañana. Yo todavía _____ (estar) durmiendo. Mi madre _____ (ir) a

mi habitación y me _____ (avisar). Yo _____ (estar) muy cansada y _____ (querer)

dormir más. Sin embargo, también _____ (tener) muchas ganas de ver a mi prima. Por eso me

_____ (levantar) y _____ (ir) a la cocina donde ella _____ (estar) con mis padres.

_____ (ser) una mañana muy bonita: _____ (hacer) sol y calor. Entonces me

_____ (duchar) y me _____ (vestir). Luego mi prima y yo _____ (salir) a

pasear toda la mañana y _____ (volver) al final de la tarde.

4 Was sagst du, wenn …

1. … eine Aufgabe für dich schwere Arbeit ist? _____

2. … wenn du mit etwas durcheinander kommst? _____

3. … jemand ein komisches Gesicht macht? _____

4. … etwas unfair ist? _____

5. … jemand sich nicht richtig konzentriert? _____

Lösungen
S. 84/85

MÉXICO LINDO

¡ACÉRCATE!

1 a Lee los textos de las pp. 50 y 51 y marca con una equis (x) si las frases son correctas, falsas o si no están en el texto.

	correcto	falso	No está en el texto
1. Las culturas precolombinas más importantes eran la mexicana y la española.		x	
2. Tenochtitlan estaba donde hoy está la ciudad de México.	x		
3. En México hay 13 millones de lenguas indígenas.		x	
4. Las palabras «chile» y «aguacate» son de origen mexicano.			x
5. En la capital de México viven unos nueve millones de personas.	x		
6. En México vive el coyote, un animal que no encuentras en Europa.			x
7. La Ciudad de México está a 2 310 metros de altura.	x		
8. En México el día de muertos es un día muy triste.		x	
9. Los ingredientes más importantes de la comida mexicana son el maíz, los frijoles, el arroz, el aguacate y el chocolate.	x		

b Corrige las frases falsas.

1. Las culturas precolombinas más importantes eran la azteca y la maya.

3. En México hay 13 millones de personas que hablan una lengua indígena.

8. En México el día de muertos es un día de fiesta.

2 Una exposición sobre Monterrey. Completa las frases con las palabras correctas y ordénalas.

tema   terminar   introducción   información   preguntas   exposición

2 a) He elegido este **tema** _____ porque mi abuela es de allí.

4 b) Después os voy a dar más **información** _____ sobre la geografía y el clima.

3 c) En la **introducción** _____ os quiero hablar de Monterrey en general.

6 d) Si tenéis **preguntas** _____, levantad la mano, por favor.

1 e) El tema de mi **exposición** _____ es Monterrey.

5 f) Para **terminar** _____ os quiero contar algo sobre las fiestas y la comida.

3 Escucha la leyenda de Iztaccíhuatl y Popocatépetl. Luego pon en orden los dibujos.

A   EN EL ZÓCALO

1   Lee el texto de la página 53 y escribe quién es.

1. La ciudad que más le gusta es Monterrey: <u>Fernando</u>

2. Vende artesanía: <u>Jacinta</u>

3. Pronto va a hacer su fiesta de quince: <u>Alexandra</u>

4. Se sentó en un lugar tranquilo para observar a la gente en el Zócalo: <u>José Hidalgo</u>

5. Antes vivía en Oaxaca, pero se fue a la capital cuando su abuela murió: <u>Jacinta</u>

6. Necesita una hora y media para ir al trabajo: <u>Jacinta</u>

7. Va al D.F. para celebrar la fiesta de quince años de su prima: <u>Marcela</u>

8. Es un aficionado al béisbol: <u>Fernando</u>

2 a   Escribe qué es importante para los chicos.

Jacinta

<u>Trabajar, ganar dinero y regresar a Oaxaca.</u>

Alexandra

<u>Su fiesta de quince años, la familia y los amigos.</u>

Fernando

<u>Monterrey y el estadio de béisbol.</u>

b   ¿Y a ti? ¿Qué es lo que más te importa en la vida? ¿Con qué sueñas?

<u>Individuelle Lösung</u>

3 a   Busca el intruso y explica también por qué lo has elegido.

1. el maíz – el chocolate – <u>la opinión</u> – el aguacate – los frijoles

   <u>El intruso es la opinión</u>   <u>porque no es un ingrediente de la comida mexicana.</u>

2. el béisbol – el voleibol – el fútbol – el balonmano – <u>la altura</u>

   <u>El intruso es «la altura» porque no es un deporte.</u>

3. <u>la superficie</u> – Tenochtitlan – la lengua indígena – los aztecas – los mayas

   <u>El intruso es «la superficie» porque no es algo indígena.</u>

4. el camión – el <u>trabajo</u> – una fonda – platicar - híjole

   <u>El intruso es «el trabajo» porque no es una palabra típica mexicana.</u>

5. la comida – los mariachis – los invitados – <u>el jaguar</u> – el vestido

   <u>El intruso es «el coyote» porque no es algo de la fiesta de quince.</u>

■■■ ¡ACUÉRDATE!

4 a Forma familias de palabras.

> la entrevista   cuidadosamente   morir   importar   entrevistar   importante   el / la muerto/-a
> cuidar   la muerte   el / la entrevistador/a   la importancia   cuidadoso/-a

1. la entrevista – entrevistar – el / la entrevistador/a

2. cuidadosamente – cuidar – cuidadoso/-a

3. morir – el / la muerto/-a – la muerte

4. importante – importar – la importancia

b Completa las frases con algunas palabras de **4 a** y traduce las palabras al alemán.

1. **El entrevistador** hace preguntas a la gente en la calle.   **der Interviewer**

2. El chico es muy **cuidadoso** con los conejos porque son muy pequeños.   **vorsichtig**

3. **La muerte** de mi gato fue muy triste para mí.   **der Tod**

4. Mi familia me importa mucho. Tiene mucha **importancia** para mí.   **die Bedeutung**

5 Fernando cuenta sobre un partido de béisbol en el Estadio Monterrey.
Marca con una equis (x) la conjunción correcta.

1. Era un día increíble. Hacía sol y mucho calor. [•••]
   ese día mi papá no nos podía llevar, tomamos
   retetemprano el camión.
   a) como ——————— [x]
   b) cuando ——————— [ ]
   c) mientras ——————— [ ]

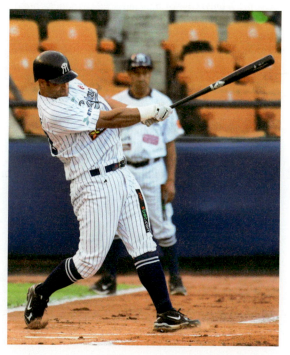

2. [•••] llegamos al estadio, vimos una cola larguísima.
   a) como ——————— [ ]
   b) cuando ——————— [x]
   c) mientras ——————— [ ]

3. ¡Claro!, [•••] era el partido más importante de la
   temporada[1] todos lo querían ver.
   a) como ——————— [x]
   b) cuando ——————— [ ]
   c) mientras ——————— [ ]

4. [•••] buscábamos nuestros lugares, nuestro equipo
   hizo dos carreras[2].
   a) como ——————— [ ]
   b) cuando ——————— [ ]
   c) mientras ——————— [x]

5. Todo iba bien. Pero [•••] nuestro mejor jugador se
   torció el pie, nuestra suerte cambió.
   a) como ——————— [ ]
   b) cuando ——————— [x]
   c) mientras ——————— [ ]

6. [•••] discutíamos si nos quedábamos o nos íbamos,
   nuestra suerte volvió a cambiar.
   a) como ——————— [ ]
   b) cuando ——————— [ ]
   c) mientras ——————— [x]

7. Al final nuestro equipo ganó 7 a 6 y [•••] salimos del
   estadio nos encontramos con mi papá que nos llevó
   a una fonda para comer.
   a) como ——————— [ ]
   b) cuando ——————— [x]
   c) mientras ——————— [ ]

1 la temporada *hier: die Saison*

2 la carrera *hier: die Runde*

6 Escribe un final para cada frase.

1. Cuando Alexandra llegó al Zócalo, **_vio a José Hidalgo / un chico._** _____.

2. Mientras Alexandra esperaba a su prima, **_platicó con él._** _____.

3. Como Alexandra no tenía reloj, **_le preguntó la hora._** _____.

4. Cuando su prima llegó, **_se fueron de tiendas._** _____.

5. Mientras Mónica tomaba algo en una fonda, **_Alexandra le contó sobre su fiesta._** _____.

6. Cuando Mónica terminó la bebida, **_pagó._** _____.

7 Lee y subraya el verbo en el tiempo correcto.

Un día hace muchos años, Pedro Linares, un chico mexicano,

se puso / se ponía a buscar trabajo. Como Pedro no _supo / sabía_ ni leer

ni escribir, sólo _encontró / encontraba_ un trabajo como cartonero[1].

El trabajo de cartonero _fue / era_ muy duro: Pedro _tuvo / tenía_ que

5   levantarse todos los días muy temprano. Entonces _se fue / se iba_ por

allí y _recogió / recogía_ el cartón[2] que _encontró / encontraba_ por las calles.

Un día, Pedro no _pudo / podía_ levantarse para ir a trabajar porque

estuvo / estaba muy enfermo. El chico _tuvo / tenía_ fiebre[3]. Esa noche

tuvo / tenía sueños muy raros. En sus sueños _hubo / había_ muchos

10   animales fantásticos[4].

Cuando Pedro _se despertó / se despertaba_, _decidió / decidía_ hacer con

cartón las figuras de sus sueños.

Ese día _nacieron / nacían_ los famosos «alebrijes», figuras de cartón o

de madera de animales fantásticos.

1 el / la cartonero/-a _der / die Papiersammler/in_
2 el cartón _die Pappe_
3 la fiebre _das Fieber_
4 fantástico/-a _fantastisch_

8 Completa el cuento con las formas correctas de pretérito indefinido y el pretérito imperfecto.

> **El arco iris, la lagartija[1] y el colibrí[2]**
>
> Hace mucho tiempo **vivía** _(vivir)_ en México una lagartija orgullosa[3]. Esta
>
> lagartija **se llamaba** _(llamarse)_ Tepayatzin. Tepayatzin **era**
>
> _(ser)_ una pesada. Según ella, ella **era** _(ser)_ mejor que los otros animales
>
> porque **tenía** _(tener)_ los colores más lindos de todo el bosque.
>
> 5   Un día la lagartija **estaba** _(estar)_ en el campo, cuando de repente, **empezó** _(empezar)_ a llover.
>
> Como no **quería** _(querer / ella)_ mojarse[4], Tepayatzin **buscó** _(buscar)_ un sitio debajo de un árbol
>
> y **esperó** _(esperar)_.
>
> Cuando **terminó** _(terminar)_ de llover, **salió** _(salir)_ el sol y con el sol también un arco iris[5]. A
>
> Tepayatzin le **gustó** _(gustar)_ el arcoiris, pero **pensó** _(pensar)_: «¡No es tan bonito como yo!»

10   ¿No sabes que los colores del arco iris te enseñan a vivir y a sentir? – **dijo** (decir) una voz.

Mientras Tepeyatzin **buscaba** (buscar) a la voz, la voz **repitió** (repetir):

«¡Los colores te enseñan a vivir y a sentir!»

Cuando la lagartija finalmente **encontró** (encontrar) a la voz, **se echó** (echarse) a reír:

15   **era** (ser) un pequeño pajarito sin ningún color especial.

Y como Tepeyatzin **era** (ser) muy orgullosa, **abrió** (abrir) la boca para decir: «¡Claro, cómo

tú eres pequeño y feo buscas a uno más bonito que tú para admirarlo[6]!»

Mientras la lagartija **hablaba** (hablar), el pajarito **buscó** (buscar) la

luz del sol. El pajarito **era** (ser) un colibrí que con la luz del sol

20   **parecía** (parecer) un arco iris con alas[7].

Cuando la lagartija **vio** (ver) esto, le **pidió** (pedir) perdón[8] al

colibrí y desde aquel día ha sido más simpática y menos orgullosa.

1 la lagartija *die Mauereidechse*	4 mojarse *nass werden*	7 el ala *f. der Flügel*
2 el colibrí *der Kolibri*	5 el arco iris *der Regenbogen*	8 pedir perdón *sich entschuldigen*
3 orgulloso/-a *stolz*	6 admirar *bewundern*	

9   Haz el tándem. ▸▸ p. 74

10
DELE

10 a Escucha lo que cuenta Marta sobre las fiestas de quinceaños. Marca con una equis (x) qué cosas fueron importantes en la fiesta de su prima y en las fiestas de sus amigas.

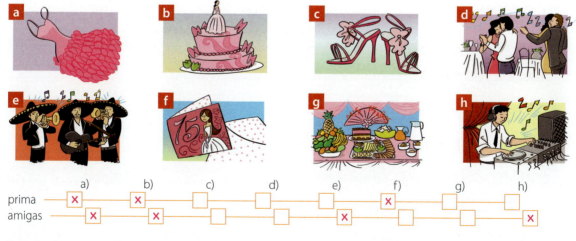

	a)	b)	c)	d)	e)	f)	g)	h)
prima	x	x				x		
amigas		x	x			x		x

10

b Escucha de nuevo. ¿Cómo va a celebrar Marta su fiesta de quince? ¿Por qué?

<u>Marta va a hacer una fiesta pequeña en casa con su familia. Ella prefiere una fiesta así</u>

<u>porque no se imagina llevar un vestido o bailar con su padre.</u>

11   De vacaciones en México. Jugar un papel. ▸▸ p. 79 / 80

Resumen

En el texto «El Zócalo» el reportero José Hidalgo va un sábado por la tarde a la plaza más importante de la Ciudad de México, el Zócalo, para ver cómo viven los jóvenes en la capital mexicana.

5 Primero habla con Jacinta, una vendedora de artesanías, que le cuenta sobre su vida en Oaxaca y en el D. F. A Jacinta le gustaba más la vida en Oaxaca, pero dice que en la capital hay más trabajo y vive mejor.

Luego habla con un chico y una chica. Alexandra, la
10 chica, le cuentan sobre una fiesta que hacen en México cuando las chicas cumplen 15 años y todo lo que necesitan para la fiesta.

Al final habla con Fernando, un chico de Monterrey. Según Fernando, la vida en su ciudad es mejor que en
15 la capital. También le cuenta sobre su deporte favorito: el béisbol.

Wie man eine Zusammenfassung schreibt

- Unterstreiche oder schreibe die Schlüssel-wörter in dein Heft. Schreibe damit Sätze.
- Erwähne im ersten Absatz den Titel des Textes, den Autor (wenn es einen gibt) und das Thema.
- Formuliere mit Hilfe der Schlüsselwörter Sätze.
- Verwende die dritte Person Singular.
- Verwende die indirekte Rede, um Aussagen von Personen wiederzugeben. Verwende z. B.: «Jacinta dice / cuenta que …» o «Según Jacinta …»
- Vergiss nicht, dass eine Zusammenfassung viel kürzer als der ursprüngliche Text ist.
- Verzichte auf Beispiele und Wiederho-lungen.

12 a Busca en el texto las líneas que corresponden a cada párrafo[1] del resumen.

1. párrafo: línea 1–línea 12

2. párrafo: línea 13–línea 34

3. párrafo: línea 35–línea 58

4. párrafo: línea 59–línea 74

b Busca en el texto las palabras clave en las que se basa[2] cada párrafo del resumen.

1. El Zócalo – jóvenes

2. Oaxaca – D.F. – trabajo

3. quince años – fiesta

4. Monterrey – D.F. – béisbol

c Compara los tiempos verbales que usan en el texto y en el resumen.

En el texto se usan los siguientes tiempos verbales: **imperfecto** y **indefinido** .

En el resumen sobre todo el siguiente: **presente** .

d Suche in der Zusammenfassung, wie man die Aussagen der Personen wiedergibt.

Jacinta dice que … Alexandra cuente sobre … Según Fernando …

 13 Resume en tu cuaderno el texto «¡No es justo!» de la Unidad 3, p. 41.

1 párrafo *der Absatz*
2 basarse *auf etw. basieren*

B   LA LEYENDA DE TENOCHTITLAN

Una visita al MERCADO DE DULCES del D.F.

¡Cómo recuerdo los días antes de una fiesta de cumpleaños, cuando iba con mi madre al mercado para comprar los dulces para la piñata! El mercado estaba lejos. Teníamos que coger dos camiones y

5 caminar muchísimo. Mi madre me tomaba de la mano, con la otra mano tomaba muy fuerte su cartera[1] y se ponía muy seria. Es que según ella la zona del mercado era muy peligrosa. Cuando finalmente llegábamos y yo olía los cientos de golosinas[2] que vendían allí, olvidaba

10 todas las penas[3] y los peligros y me dejaba llevar por los pasillos del mercado, con los ojos abiertos como platos.

Fue ese recuerdo de mi infancia[4], el que me llevó nuevamente al Mercado de Dulces del D.F.

15 Antes, el mercado era más pequeño que ahora. Cuando llegué vi que ahora las tiendas de los alrededores eran dulcerías. El mercado también ha cambiado mucho por dentro. Antes los vendedores ponían sus dulces sobre una mesa pequeña de madera. Ahora esa

20 mesa no basta, porque parece que vender dulces en este mercado se volvió un arte. Con dulces de todas formas y colores los vendedores crean verdaderas esculturas para atraer compradores y despertar su apetito. Además, como las tienditas son tan pequeñas

25 los dueños utilizan hasta el último rincón para poner los dulces. Pero, ¡ojo!, ¡no cualquiera puede sacarlos sin que se caigan los demás[5]!

Sin embargo, algo no ha cambiado en el mercado y es que en la mayoría de las tienditas trabajan familias

30 enteras. ¡A menudo encuentras en estas tiendas a la

En el Mercado de Dulces también puedes encontrar golosinas para el día de Muertos.

abuela, a la hija y a los nietos! Además de vender los dulces, algunas de estas familias también los hacen. Muchas de las recetas han sido heredadas[6] de generación a generación y algunas de ellas son de origen precolombino. Los pueblos indígenas hacían 35 dulces con una mezcla de frutas con miel, semillas y algunas especias. Otras recetas son de origen español y otras mezclan la tradición indígena con la española.

1 la cartera *die Handtasche*	4 la infancia *die Kindheit*	6 heredar *erben*
2 las golosinas *die Süßigkeiten*	5 sin que se caigan los demás *ohne dass die andere herunterfallen*	
3 las penas *hier: die Schwierigkeiten*		

1   Escribe cómo eran las cosas antes en el mercado, cómo son ahora y qué sigue igual.   ▶▶ **Lesen, S. 126 / 3** ▶▶

Antes el mercado era más pequeño. Los vendedores ponían sus dulces sobre una mesa.

Ahora el mercado es más grande y la mesa no es suficiente. Ahora los vendedores hacen

esculturas con sus golosinas. Lo que no ha cambiado es que en la mayoría de las tiendan

trabajan familias.

 2   Describe en tu cuaderno un mercado o tienda interesante de tu pueblo o ciudad. ¿Cómo es? ¿Qué venden allí? ¿Cómo es la gente?

AUTOCONTROL

1 Escribe cómo dicen en España las siguientes palabras mexicanas:

1. el camión   _____   4. ¡híjole!   _____

2. retetemprano   _____   5. la fonda   _____

3. platicar   _____

2 Completa las frases con «como», «mientras» y «cuando».

1. _____ José Hidalgo llegó al Zócalo, vio a muchísima gente.

2. _____ él observaba a la gente, dos chicos le hicieron una pregunta.

3. _____ José no sabía nada de México, los chicos le explicaron unas cosas.

4. _____ José leía una revista, llegó una vendedora.

5. _____ la chica tenía figuras muy bonitas, José le compró una.

6. _____ José le pagó, la chica se alegró mucho.

3 En la playa. Completa con las formas del pretérito indefinido o del pretérito imperfecto.

Como _____ *(hacer)* buen tiempo, _____ *(ir / nosotras)* a la playa.

Mientras _____ *(estar / nosotras)* en el agua, de repente _____

(empezar) a llover. Como _____ *(ser)* una lluvia[1] muy fuerte, _____

(salir / nosotras) directamente del agua y _____ *(entrar / nosotras)* en una fonda cerca de la

playa. Mientras _____ *(comer / nosotras)* tortillas con frijoles,

_____ *(hablar / nosotras)* con dos chicos muy majos. Como la comida

_____ *(estar)* muy rica, _____ *(pedir / nosotros)* también

enchiladas. Cuando _____ *(dejar)* de llover, _____ *(irse / nosotras)*

porque ya _____ *(ser)* tarde.   1 la lluvia *der Regen*

4 Una exposición
Du sollst in Spanisch ein Referat über ein südamerikanisches Land halten. Du wählst Guatemala aus, weil eine Tante von dir dort wohnt. (1) Zunächst möchtest du ein paar allgemeine Angaben zum Land machen. (2) Dann willst du deinen Zuhörern Information zu der Geographie und dem Klima in Guatemala geben (3) und abschließend etwas über typische Speisen und Feste erzählen (4). Wie beginnst du dein Referat?

1. _____

2. _____

3. _____

4. _____

Lösungen
S. 85

LA COMUNICACIÓN

¡ACÉRCATE!

▶▶ **Wortschatz, S. 135 / 3** ▶▶

1 Completa el mapa mental con el vocabulario sobre la tele del texto de las páginas 66 y 67.

el programa

el informativo

las noticias

la serie (policíaca)

la comedia

el canal

fútbol

el concurso

la historia de amor

el episodio

la telenovela

11

2 Escucha bien y escribe qué tipo de programa es.

1. fútbol

2. el informativo

3. la telenovela

4. la serie policíaca

5. la comedia

6. el concurso

3 Relaciona las frases en español con su significado en alemán.

Después de clases seguimos jugando al fútbol, ¿vale?

Cuando mi hermano pequeño no encuentra su camiseta favorita, se pone a llorar.

Si le preguntas, seguro que la profe vuelve a explicarte lo que no entiendes.

Si llego a saber quién se ha comido mis chocolates, va a tener una bronca conmigo.

1 … … **a** Wenn ich es schaffe zu erfahren, wer meine Schokolade gegessen hat, wird er Ärger mit mir kriegen.

2 … … **b** Wenn du die Lehrerin fragst, erklärt sie dir sicher wieder das, was du nicht verstehst.

3 … … **c** Wenn mein kleiner Bruder sein Lieblings-T-Shirt nicht findet, fängt er an zu weinen.

4 … … **d** Nach dem Unterricht spielen wir weiter Fußball, o. k.?

4 Escribe en español lo que estos chicos van a hacer después de ver el programa. Utiliza: *seguir* + gerundio, *llegar a* + infinitivo, *ponerse a* + infinitvo, *volver a* + infinitivo

2. Nach der Sendung rufe ich Marta wieder an.

3. Nach der Sendung fange ich an, den Text über die Geschichte Mexikos zu schreiben.

1. Nach der Sendung lerne ich weiter für die Spanischklausur.

4. Wenn mein Bruder es schafft, seine Hausaufgaben ohne meine Hilfe zu machen, kaufe ich ihm nach der Sendung ein Eis.

1. Después del programa sigo estudiando para el examen de Español.

2. Después del programa vuelvo a llamar a Marta.

3. Después del programa me pongo a escribir el texto sobre la historia de México.

4. Si mi hermano llega a hacer sus deberes sin mi ayuda, le compro un helado después del programa.

A AMIGOS VIRTUALES

1 Lee el texto de la página 69 y marca con una equis la frase correcta.

1. a) Más de la mitad de los jóvenes de hoy se encuentra con alguien que ha conocido en la red. **[x]**
   b) La mitad de los jóvenes de hoy ve la tele diariamente. [ ]
   c) La mitad de los jóvenes de hoy le escribe a alguien que ha conocido en la red. [ ]

2. a) Para Lucía no salir de su habitación es un castigo. [ ]
   b) Lucía puede pasar muchas horas frente al ordenador. **[x]**
   c) Lucía tiene una buena conexión al internet en su habitación. [ ]

3. a) La madre de Lucía pasa horas viendo la tele y hablando por teléfono con sus amigas. **[x]**
   b) Lucía se lleva muy bien con su madre. [ ]
   c) La madre de Lucía tiene una tele en su habitación. [ ]

4. a) Enrique prefiere quedar con amigos. [ ]
   b) A Enrique le han robado su móvil en la calle. [ ]
   c) Después del instituto tiene mucho por hacer y manda fotos y vídeos a sus amigos por la red. **[x]**

5. a) Pablo siempre tiene bronca con su padre. [ ]
   b) Porque Pablo pasa mucho navegando en internet, tiene pocos amigos. [ ]
   c) A Pablo le gusta visitar foros en internet sobre aviones a escala. **[x]**

6. a) Una amiga de Isabel ha conocido a mucha gente en internet. [ ]
   b) Pablo tiene amigos virtuales, pero el más importantes son sus amigos reales. **[x]**
   c) Isabel no pone su nombre verdadero ni su dirección en el internet. [ ]

2 a Las siguientes frases no tienen verbo. Léelas y escribe en el cuadro cuál verbo es.

> **poner**

> In allen Sätzen handelt es sich immer um dasselbe Verb.

1. Yo **pongo** mi mochila sobre la silla.

2. Lucía, hoy **pones** tú la mesa, ¿verdad?

3. Marcela nunca **pone** su nombre verdadero en los chats.

4. Nosotros nos **ponemos** al día durante el recreo.

5. ¿Os **ponéis** zapatillas de deporte para ir al teatro?

6. Si Mario y Diego no se **ponen** las pilas, van a tener empollar todo el verano.

7. Cuando yo veo al chico que me gusta, me **pongo** roja.

8. ¿A qué hora **ponen** (ellos) «Fama»?

9. Ring, ring … «¿Diga?, …¿quieres hablar con Sandra? ¡Claro!, ya se **pone**.»

b Completa las frases.

c Lee de nuevo las frases y escribe los verbos que usas en alemán para los diferentes significados.

1. **legen**
2. **(Tisch) decken**
3. **schreiben / nennen**
4. **sich Neuigkeiten erzählen**
5. **anziehen**
6. **sich anstrengen**
7. **(rot) werden**
8. **senden / zeigen**
9. **ans Telefon kommen / gehen**

3 Escribe los medios de comunicación[1] que mencionan en el texto de la página 69 y otros que tú conoces. ¿Cuáles usas con tus amigos/-as, tu abuelo/-a, tu profesor/a?

Individuelle Lösung

---

[1] los medios de comunicación *die Kommunikationsmittel*

4 Una discusión con los padres. Jugar un papel. ▶▶ p. 80 / 81

5 a ¿Qué cuenta Marcela? Termina las frases con el pretérito pluscuamperfecto.

| 1 | alguien   ya *poner* la mesa   *cocinar*   *comer* |

Cuando llegué ayer a casa, alguien

ya había puesto la mesa,

había cocinado y había comido.

| 3 | alguien   *dejar* unas maletas allí   *sentarse* en el sofá   *leer* el periódico |

Después, en la habitación de invitados[1] observé que

alguien había dejado

unas maletas allí, se

había sentado en el

sofa y había leído el

periódico.

| 2 | alguien   ya *ordenarla*   *hacer* la cama   *encender* la radio |

Luego, vi en mi habitación que

alguien ya la había ordenado,

había hecho la cama y había

encendido la radio.

¡Entonces vi a mi abuelo!

1 la habitación de invitados *das Gästeziммer*

b Escribe por lo menos tres cosas que ya habían pasado en tu casa ayer cuando tú llegaste.

Individuelle Lösung

6 Completa los diálogos con los pronombres posesivos o los determinantes posesivos.

Paco, este es **tu** libro, ¿verdad?

Creo que Carmen la tomó por equivocación[1] y ella dejó **la suya** en la cafetería.

No, yo tengo aquí **el mío**.

Pepe está buscando **su** mochila.

¿Cuando hacéis vosotros **vuestra** presentación?

Chicas, ¿podéis prestarme **vuestros** lápices de color?

Hemos olvidado **los nuestros** en casa. Pero Ana nos ha prestado **los suyos**. Si quieres, puedes usarlos.

La próxima semana. Y vosotros, ¿cuándo hacéis **la vuestra**?

1 por equivocación *aus Versehen*

7 a Responde las siguientes preguntas:

¿Cuántas horas pasas al día
– viendo la tele?
– chateando?

– jugando al ordenador?
– hablando por teléfono?
– leyendo revistas en línea, blogs, etc.?
– …

Individuelle Lösung

b Compara tus respuestas con las de tu compañero/-a y presenta los resultados en clase.

Ejemplo: *Ana pasa más horas que yo viendo la tele: yo veo dos horas al día y ella tres.*

8 Haz el tándem. ▸▸ p. 75

■■■ **APRENDER MEJOR**

9 **Authentische Hörtexte verstehen**

12

a Höre dir „La lechuga" an, eine Erzählung für Kinder aus dem ecuadorianischen Radio. Welche Geräusche hörst du?

Man hört die Vögel zwitschern.

b Höre den Text noch einmal und finde heraus, wer spricht und worum es geht.

Es spricht eine Erzählerin, ein Mädchen, ein alter Mann und ein Vogel. Das Mädchen und der

alte Mann haben mit dem Salat, den sie gepflanzt haben, ein Problem.

10 **MI RINCÓN** Completa el formulario[1] sobre la tele y tú.

1. Me llamo _____ y tengo _____ años.

2. Veo la tele ☐ todos los días. ☐ tres días a la semana. ☐ un día a la semana.

3. La tele está
   ☐ en el salón. ☐ en mi habitación. ☐ en la habitación de mi hermano/-a. ☐ en _____

4. Me gusta más
   ☐ la tele. ☐ el cine. ☐ ver un DVD. ☐ ver vídeos en internet.

5. Mi canal/es favorito/s es / son _____.

6. Mi/s programa/s favorito/s es / son _____.

7. No me gusta/n para nada los siguientes programas: _____.

8. Mi personaje favorito de una serie o peli es _____,

   porque _____.

1 el formulario *das Formular*

B   OTRAS FORMAS DE COMUNICACIÓN

Landeskunde
TVE (Televisión Española) ist ein staatlicher spanischer Fernsehsender. Der Sender hat verschiedene Kanäle, die unterschiedlichen Themen und Sendungen gewidmet sind. „Amar en tiempos revueltos" ist eine sehr beliebte Serie auf dem Fernsehkanal tve1. www.rtve.es

Amar en tiempos revueltos – una serie del canal tve1

En un barrio de Madrid:

Episodio 1:
Elisa se apunta a un concurso para cantar en la radio. A su hermana mayor, **Carlota**, le dan una beca para terminar de estudiar para profesora de colegio. En la plaza, hay un estudio de fotografía[1]. **Fermín** y su hermana **Sole** son los dueños[2]. Además de trabajar en el estudio, Fermín hace las fotos de los reportajes de **Marcos**, un joven periodista.

5

Episodio 2:
Elisa empieza a trabajar en el restaurante «La Cueva», donde también trabaja su padre. Carlota no toma la beca que le ofrecen porque tiene que cuidar a su madre enferma. La chica piensa que el tiempo de las ilusiones ha pasado ya definitivamente para ella, pero apoya a su hermana Elisa que quiere ser cantante. Marcos escribe varios reportajes y aunque su jefe está muy contento, no le paga.

10

15

Episodio 3:
El padre de Elisa es muy estricto. Por eso la chica tiene miedo de que él se moleste e intenta borrarse del concurso, pero finalmente no lo hace. En la radio le dicen a la chica que le van a avisar cuándo tiene que cantar. Los de la radio envían la nota a «La Cueva». El padre de Elisa destruye[3] la nota porque no quiere ver a su hija cantar en la radio. Carlota pasa el tiempo sola en casa y está un poco triste porque se aburre. Sole y Fermín se enteran de que Marcos no tiene dinero y lo quieren ayudar.

20

25

www.rtve.es: texto adaptado

1   el estudio de fotografía   *das Fotostudio*   2   el/la dueño/-a   *der/die Eigentümer/in*   3   destruir   *zerstören*

---

1   Explica y qué relación[1] hay entre Elisa, Carlota, Fermín, Sole y Marcos y qué problema tienen.

<u>Elisa y Carlota son hermanas. Elisa trabaja en el restaurante «La Cueva» y Carlota cuida su madre en casa. Elisa quiere cantar en un concurso de radio pero su padre no quiere. Carlota se siente muy sola. Fermín y Sole son hermanos. Tienen un estudio de fotografía. Fermín trabaja con Marcos. Marcos es periodista pero su jefe no le paga. Fermín y Sole quieren ayudar a Marcos.</u>

1   la relación   *die Beziehung*

2   Continúa la historia en tu cuaderno. Escribe por lo menos dos episodios más.

AUTOCONTROL

1 Termina las frases. Utiliza el pretérito pluscuamperfecto.

| terminar   poner   escribir   empezar   irse   hacer |

1. Cuando leí mis mensajes, tú no me _____ todavía.

2. Cuando llamé ayer por la noche a Marcela, ella ya _____ a la cama.

3. Cuando Pablo y yo entramos en el cine, la peli ya _____.

4. Como ya _____ nuestros deberes, nos pusimos a ver la tele.

5. Cuando volví a casa, mi padre ya _____ la comida y mi hermana ya

   _____ la mesa.

2 Escribe las siguientes frases en español. Utiliza el pretérito indefinido y el pretérito pluscuamperfecto.

1. Als ich gestern nach Hause kam, hatte mein Bruder schon Essen gemacht.

   _____

   _____

2. Als wir am Schwimmbad ankamen, hatte es schon geschlossen.

   _____

   _____

3. Als ich Pablo am Kino traf, hatte er bereits Karten gekauft.

   _____

   _____

4. Als ich am Freitag auf die Party ging, hatte ich bereits alle meine Hausaufgaben gemacht.

   _____

   _____

3 Escribe de nuevo las siguientes frases. Utiliza *volver a* + infinitivo, *ponerse a* + infinitivo, *llegar a* + infinitivo, *llevar* + tiempo + gerundio y *seguir* + gerundio.

1. ¿Cuándo haces otra vez una macedonia?

   _____

2. Pablo empezó a estudiar a las cinco de la tarde.

   _____

3. Ya es tarde y José Mario todavía está viendo la tele.

   _____

4. Después del instituto, Laura <u>empieza a ver</u> «Amar en tiempos revueltos».

_____

5. El jurado <u>habla de nuevo</u> con Clara porque ella no baila bien.

_____

6. Cuando el jurado la regaña, Clara <u>empieza a llorar</u>.

_____

7. Carlos <u>se perdió otra vez</u> su programa favorito.

_____

8. Después de ver toda la serie, Ignacio <u>sabe por fin</u> qué ha pasado en el hospital.

_____

9. Ya es la hora de la cena, pero Antonio <u>todavía está estudiando</u>.

_____

10. Antonio <u>está viendo la tele desde hace horas</u>.

_____

4 Completa las frases con los pronombres posesivos.

1. Muéstrame tus notas y yo te muestro _____ (mis notas).

2. Si me ayudas con mis deberes, yo te ayudo con _____ (tus deberes).

3. Nosotros escribimos una tarjeta a nuestra abuela, Mario escribe una tarjeta a _____ (su abuela).

4. Los amigos de Lucía juegan al fútbol con _____ (mis amigos).

5. Aquí están mis zapatillas de deporte. ¿Donde están _____ (vuestras zapatillas de deporte)?

6. He dejado mis libros en el escritorio. Mario y Andrea han dejado _____ (sus libros) en el suelo.

5 Ordena las letras y escribe la palabra con el artículo.

1. rodnaored   _____

2. esier   _____

3. urconsoc   _____

4. lanac   _____

5. nenocxió   _____

6. álnatac   _____

7. vlómi   _____

8. cuacimónionc   _____

Lösungen
S. 85 / 86

AUTOCONTROL ■ AUTOCONTROL ■ AUTOCONTROL ■ AUTOCONTROL ■ AUTOCONTROL ■ AUTOCONTROL

ESO ... ¿QUÉ SIGNIFICA ESO?

¡ACÉRCATE!

1 a Completa las frases con la información del texto de las páginas 76–77.

2 a) En España, los niños más pequeños van a: <u>la guardería.</u>

3 b) A los tres años los niños pueden ir a: <u>la escuela infantil.</u>

5 c) Todos los chicos van allí para hacer la educación primaria: <u>el colegio.</u>

4 d) Allí hacen la Educación Secundaria Obligaria: <u>el instituto.</u>

7 e) Dura dos años: <u>el bachillerato.</u>

6 f) Los chicos que no hacen el bachillerato pueden hacerla: <u>una formación profesional.</u>

1 g) Las tienen que hacer para estudiar en la universidad: <u>las PAU.</u>

13

b Pablo cuenta sobre su familia. Escribe en las casillas[1] en qué orden menciona el chico las partes del sistema escolar español.

1 la casilla *das Kästchen*

2 ¿Y tú? ¿Fuiste a la guardería? ¿Y a los otros lugares? Escribe adónde has ido tú hasta ahora.

A los _____ años fui a _____ Luego, a los _____

años _____

_____

3 Explica en español lo que significan las siguientes palabras.

 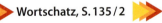 **Wortschatz, S. 135 / 2**

1. obligatorio   <u>Es algo que tienes que hacer.</u>

2. la prueba   <u>Es algo como un examen.</u>

3. tener la opción   <u>Es cuando puedes elegir.</u>

4. tutear   <u>Es cuando le dices «tú» a alguien y no «usted».</u>

5. increíble   <u>Es algo que no puedes creer.</u>

4 Jugar un papel. | Mach das Rollenspiel. ▶▶ p. 81 / 82

MI PORTAFOLIO DE ESPAÑOL

Mit dem Portfolio kannst du deine Spanischfortschritte in den verschiedenen Bereichen Hören, Lesen, Sprechen, Schreiben und Landeskunde in diesem Lernjahr feststellen. Schlage dein Portfolio hierzu regelmäßig auf, am besten, nachdem du einen „Autocontrol" abgeschlossen hast. Gehe die einzelnen Punkte durch und schätze dich selbst ein.

Nombre:
_____

Mi clase:
_____

Apellido:
_____

Aprendo Español desde:
_____

Fecha de nacimiento:
_____

Mi profesor/a de Español se llama:
_____

Mi dirección:
_____
_____
_____

Otros idiomas que aprendo:
_____

En casa hablo:
_____

Mi instituto:
_____
_____

Con mis amigos hablo:
_____

Estancias en el extranjero | Auslandsaufenthalte

sí   no

He estado en un país donde se habla español. ——————————— ☐   ☐

¿Cuándo?_____
_____
_____

¿Dónde? _____
_____
_____
_____

¿Por qué? (vacaciones, intercambio, etc.) _____
_____
_____
_____

YO ESCRIBO Y PUEDO …

- ___ … eine Geschichte schreiben.
- ___ … kleine Gedichte auf Spanisch verfassen.
- ___ … einen Text schriftlich zusammenfassen.
- ___ … anhand von Notizen einen Text schreiben.
- ___ … meine Stadt und ihre Sehenswürdigkeiten schriftlich vorstellen.
- ___ … meine Meinung z. B. zu einem Problem in einer E-Mail und / oder einem Brief äußern und argumentieren.

YO ESCUCHO Y PUEDO …

- ___ … Wegbeschreibungen verstehen.
- ___ … verstehen, wenn mir jemand eine U-Bahn-Route erklärt.
- ___ … das Thema eines Gesprächs verstehen, auch wenn ich nicht alle Wörter kenne.
- ___ … nachfragen, wenn ich etwas nicht verstanden habe.
- ___ … verstehen, worum es in einem Lied geht.
- ___ … die Hauptaussage von authentischen Höraufnahmen verstehen.
- ___ … beim Hören Notizen machen, z. B. bei einem Vortrag.
- ___ … bei einem Gespräch unbekannte Wörter erschließen (Zusammenhang, Wortfamilien, andere Sprachen).
- ___ … CD-Aufnahmen mit einem leichten mexikanischen oder kolumbianischen Akzent verstehen.

YO LEO Y PUEDO …

- ___ … U-Bahn-Fahrpläne verstehen.
- ___ … Fernsehprogramme verstehen.
- ___ … Briefe und E-Mails über Alltagsthemen verstehen.
- ___ … einfache Rezepte verstehen.
- ___ … leichtere (Zeitungs)Artikel verstehen.
- ___ … leichtere authentische literarische Texte verstehen.
- ___ … Diagramme verstehen.
- ___ … im spanischen Internet recherchieren.
- ___ … authentische Comics verstehen.
- ___ … unbekannte Wörter eines Textes erschließen.
- ___ … ein zweisprachiges Wörterbuch benutzen.
- ___ … verschiedene Standpunkte in einem Text erkennen.

YO HABLO Y PUEDO …

___ … über meine Urlaubserlebnisse berichten.

___ … über die Vor- und Nachteile des Land- und Stadtlebens sprechen.

___ … über vergangene Ereignisse (z. B. die Kindheit) berichten.

___ … über meine Aufgaben Zuhause berichten und sie bewerten.

___ … meine Ängste, Erwartungen und Wünsche äußern.

___ … Zweifel äußern.

___ … Unmut äußern.

___ … die Vor- und Nachteile des Internets abwiegen und meine Meinung dazu äußern.

___ … über die Schule in Spanien und Deutschland sprechen und sie vergleichen.

___ … mich auf eine Diskussion vorbereiten und sie führen.

___ … einen Vortrag über ein bekanntes Thema halten.

___ … für jemanden Alltagsgespräche dolmetschen.

___ … in einer Debatte über ein bekanntes Thema eine Meinung vertreten.

___ … bei einem Gespräch die Wörter paraphrasieren, die ich auf Spanisch nicht kenne.

___ … für jemanden einen Text über ein bekanntes Thema mündlich zusammenfassen.

___ … die Informationen aus einem Diagramm mündlich erklären.

EL MUNDO DEL ESPAÑOL

___ Ich kann mich in der Madrider U-Bahn orientieren.

___ Ich kenne die Namen der verschiedenen Sehenswürdigkeiten von Madrid.

___ Ich weiß etwas von der Geschichte Madrids.

___ Ich habe Allgemeinwissen über Mexiko (Geschichte, Klima, Geographie usw.).

___ Ich kenne mindestens eine mexikanische Legende.

___ Ich weiß, was der „Día de muertos" ist.

___ Ich kenne die wichtigsten Fernsehsender Spaniens.

___ Ich kenne mindestens zwei andere Sprachen, die in Spanien gesprochen werden.

___ Ich kenne das spanische Schulsystem.

___ Ich weiß einiges über die andalusische Region und ihre Geschichte.

___ Ich weiß etwas über die Produktion von Bananen in Lateinamerika.

___ Ich weiß, was „comercio justo" ist.

___ Ich weiß etwas über das Leben von Jugendlichen in Kolumbien.

___ Ich habe Allgemeinwissen über Bogotá, die Hauptstadt von Kolumbien.

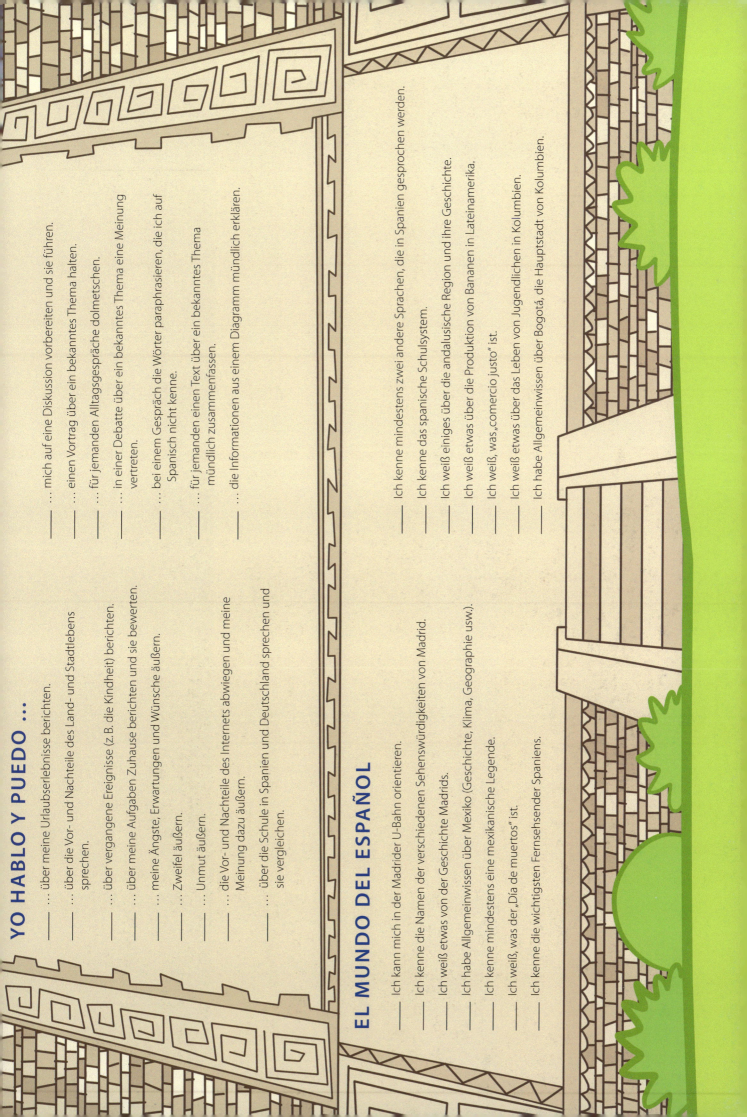

Actividades para practicar español |
Beschäftigungen um Spanisch zu üben

Leer y escuchar

	sí	no
¿Lees en español (revistas, cómics, internet, etc.?	☐	☐

Escribe el título y si sabes el nombre del autor, también.

_____

_____

_____

_____

	sí	no
¿Escuchas cosas en español (radio, televisión, música en internet, etc.)?	☐	☐

Escribe sobre qué temas.

_____

_____

_____

_____

Escribir y hablar

	sí	no
¿Escribes en español (e-mails, sms, en foros, presentaciones, etc.)?	☐	☐

Escribe sobre qué temas.

_____

_____

_____

_____

	sí	no
¿Hablas en español (con amigos, en chats, etc.)?	☐	☐

Escribe sobre qué temas y cuándo.

_____

_____

_____

_____

A ¡ESPERO QUE NOS VEAMOS PRONTO!

1 ¿Sobre qué cosas hablan los chicos en sus cartas y qué cuentan sobre eso?

El turrón: Pablo y Jan compraron en Toledo un turrón para los padres de Jan.

El examen: Pablo hizo ayer el último examen del trimestre, pero no había estudiado mucho.

La comida: Él no se llena con pan con queso y jamón para la cena.

La cámara digital: sus abuelos le han regalado una cámara a Pablo.

La guía de Alemania: A Lucía su tía le ha regalado una guía en alemán para que se prepare para el viaje.

El pan de especias: El hermano pequeño de Lucía quiere pan de especias de Alemania.

La bufanda: La abuela de Lucía le ha hecho una bufanda para que no tenga frío.

La mermelada: A toda la familia de Lucía le ha encantado la mermelada que Julia le regaló.

2 a Relaciona las expresiones. Hay varias posibilidades.

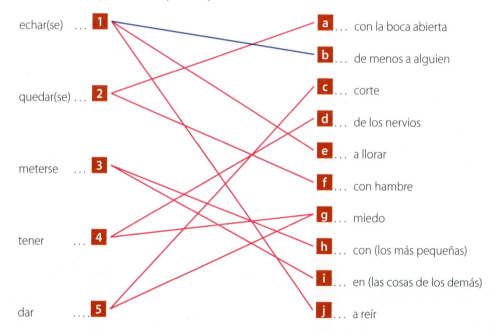

echar(se) … **1**

quedar(se) … **2**

meterse … **3**

tener … **4**

dar … **5**

a … con la boca abierta
b … de menos a alguien
c … corte
d … de los nervios
e … a llorar
f … con hambre
g … miedo
h … con (los más pequeñas)
i … en (las cosas de los demás)
j … a reír

b ¿Qué dicen los chicos? Utiliza algunas expresiones de **a**.

1 Hace mucho no veo a mi abuelo, por eso yo lo **echo de menos** _____.

2 Cuando mi hermano cocina, como poco y siempre **me quedo** _____ **con hambre** _____.

3 Mi hermana no me deja en paz. **Se mete en** _____ todo lo que hago.

4 Antonio **me tiene de los** _____ **nervios** _____. Me pregunta por Carla todo el tiempo.

5 No me gustan los aviones. Por eso me **da miedo** _____ viajar[1].

1 viajar *reisen*

3 Completa la frases con las formas de los verbos en presente.

1. Cuando **hago**_____ (*hacer*/yo) mis deberes, apago la radio.

2. Yo **pienso**_____ (*pensar*/yo) en Jorge.

3. ¿Sabes quién es Jan? – No, no lo **conozco**_____ (*conocer*/yo).

4. **Tengo**_____ (*tener*/yo) clases de guitarra por la tarde.

5. Aquí te **traigo**_____ (*traer*/yo) los libros que me pediste.

6. Si no **salgo**_____ (*salir*/yo) con Raquel, voy contigo al parque, ¿vale?

7. Cuando veo a Begoña, me **pongo**_____ (*poner*/yo) rojo.

8. Hoy no **puedo**_____ (*poder*/yo) salir. Tengo que estudiar.

4 Busca los verbos en subjuntivo y escribe al lado la primera persona del presente de indicativo.

1. **prefiera: prefiero**_____

2. **tenga: tengo**_____

3. **conozcas: conozco**_____

4. **hagan: hago**_____

5. **lleve: llevo**_____

6. **traiga: traigo**_____

7. **puedan: puedo**_____

8. **pongais: pongo**_____

9. **comais: como**_____

10. **tome: tomo**_____

11. **salgais: salgo**_____

12. **escribais: escribo**_____

q	o	p	r	e	f	i	e	r	a	e
t	e	n	g	a	a	t	a	y	z	s
w	f	p	t	m	o	x	p	d	h	c
p	c	o	n	o	z	c	a	s	a	r
u	i	n	e	d	o	r	i	x	s	i
e	e	g	h	u	c	g	m	u	a	b
d	g	a	y	l	o	l	e	t	l	a
a	o	i	b	e	m	o	r	o	g	i
n	s	s	l	d	a	q	e	m	a	s
z	a	p	z	c	i	w	q	e	i	y
h	a	g	a	n	s	o	l	x	s	o
l	l	e	v	e	t	r	a	i	g	a

5 Escucha y completa las frases con los verbos.

14

Achte besonders auf die Rechtschreibung!

1. Ojalá que la peli **empiece**_____ pronto.

2. He llamado a Celia para que **busque**_____ a tu gato cerca de su casa.

3. Espero que Jesús **escoja**_____ un regalo barato.

4. Ana no ha llegado, pero espero que **empecemos**_____ a comer ya. ¡Tengo hambre!

5. Ojalá que Sergio y Pilar **lleguen**_____ antes que Patricia.

6. He traído este libro para que **busqueis**_____ la respuesta a vuestra pregunta.

7. Espero que Antonio y Mari **escojan**_____ una peli para ir al cine.

6 a ¿Para qué te ha regalado tu familia todo esto, Lucía? Utiliza para que + subjuntivo.

escribir sobre el viaje   comprar pan de especias
no llegar tarde   no tener frío   aprender alemán

Mi primo me ha regalado **el diccionario para que aprenda alemán.**

Mi abuela me ha hecho **una bufanda para que no tenga frío.**

Mi prima me ha regalado un diario[1] para que escriba sobre el viaje.

Mi hermano **me ha regalado un reloj para que no llegue tarde.**

Mi madre me ha dado **dinero para que compre pan de especias.**

1 el diario *das Tagebuch*

b Elige dos cosas más de la maleta y di para qué le han regalado eso a Lucía.

Lösungsvorschlag: Su tía le ha regalado una guía para que lea sobre Alemania.

Su padre le ha regalado una cámara para que tome fotos. Su abuelo le ha regalado un

reproductor de MP3 para que escuche música.

7 Julia piensa en el viaje de Lucía. Escribe lo que piensa y utiliza Ojalá que + subjuntivo.

1. Ojalá que pueda conocer a mi familia.

2. Ojalá que tengamos tiempo para hacer un paseo en bicicleta.

3. Ojalá que Jorge no se ponga rojo.

4. Ojalá que haya una fiesta divertida para ir con Lucía.

5. Ojalá que a Lucía no le de miedo mi perro.

6. Ojalá que mi madre haga más de la mermelada que le gusta a Lucía.

8 ¿Qué piensa Pablo sobre su viaje?

| Espero que …
Tengo miedo de que … | la familia alemana no *(entenderme)*.
(gustarle) a la familia los regalos que llevo.
(visitar / nosotros) lugares interesantes.
el dinero que llevo no *(ser)* suficiente.
las chicas alemanas *(ser)* guapas.
mi móvil no *(funcionar)* en Alemania. |

Tengo miedo de que la familia alemana no me entienda. Espero que le guste a la familia los

regalos que llevo. Espero que visitemos lugares interesantes. Tengo miedo de que el dinero que

llevo no sea suficiente. Espero que las chicas alemanas sean guapas. Tengo miedo de que mi

móvil no funcione en Alemania.

9 Mañana tienes dos exámenes. ¿Qué piensas por la noche? Escribe cuatro frases y utiliza espero que + subjuntivo y tengo miedo de que + subjuntivo.

Individuelle Lösung

10 ¿Qué dicen? Utiliza ser / estar + adjetivo.

| malo/-a | listo/-a | rico/-a | bueno/-a |

1 Antonia es
muy
lista.

2 Este helado
está muy
rico / bueno.

3 Este bocadillo
está muy
bueno / rico.

4 La abuela de Pedro
está muy mala
_____.

5 Los señores Martínez
son muy ricos
_____.

6 Nuestras hijas
son muy buenas
_____.

7 ¡Ese perro
es muy malo
_____!

8 ¡Ya casi
estoy lista
_____!

11 Haz el tándem. ▶▶ p. 76

15
DELE

12 Escucha la entrevista y marca con una equis la respuesta correcta.

1. Anika ha conocido en Madrid …
   a) algunos museos. ──── [x]
   b) la Plaza Mayor. ──── [ ]
   c) un estadio de fútbol. ──── [ ]

2. Anika habla muy bien español porque …
   a) sus padres son españoles. ──── [ ]
   b) habla con gente que no habla alemán. ──── [x]
   c) puede preguntar cosas en alemán
      a sus amigos españoles. ──── [ ]

3. El lugar de Madrid que más le gusta a la chica es …
   a) el parque San Antonio. ──── [ ]
   b) el Retiro. ──── [ ]
   c) Casa de Campo. ──── [x]

13 Contesta el e-mail del libro que no has elegido antes, p. 80 / 81.

▶▶ **Schreiben, S. 132 / 3** ▶▶

Individuelle Lösung _____

_____

_____

_____

_____

_____

_____

_____

_____

_____

_____

_____

_____

_____

_____

_____

_____

_____

_____

_____

_____

14 a Lee los dos artículos de periódico. Después, marca con una equis cuál te parece mejor y escribe en tu cuaderno por qué.

☐ El martes pasado fue un día muy bonito. Mi mochila pesaba mucho porque llevaba mi saxofón. Mi grupo y yo queríamos tocar en la fiesta para los chicos alemanes.
5 A las 17 de la tarde fuimos al aula de alemán y ya estaban allí los 24 chicos de Friburgo. Primero, los chicos alemanes cantaron una canción tradicional alemana. Luego mis compañeros presentaron una
10 obra de teatro. Y al final, mis amigos y yo tocamos …

☐ El martes pasado los alumnos del 3° de ESO organizaron una fiesta en el instituto para recibir a 24 chicos alemanes de Friburgo.
5 La fiesta empezó cuando salieron al «escenario» los chicos alemanes. Ellos cantaron una canción tradicional alemana. Luego, los chicos españoles presentaron una obra de teatro sobre las aventuras de
10 un grupo de intercambio en Madrid. Después, mi grupo y yo tocamos. Como todos conocían las canciones …

Einen Zeitungsartikel schreiben, z. B. eine kleine Reportage
Ein gut geschriebener Zeitungsartikel antwortet auf die Fragen „wer?", „was?", „wo?", „wann?" und „warum?". Manchmal geht er auch der Frage „wie?" nach. Der Leser erfährt Fakten – manchmal in der Reihenfolge, wie sie geschehen sind, manchmal kommt das Wichtigste zuerst und die Details später.

b Tu reportaje sobre una fiesta de despedida[1] para un grupo de intercambio: lee las siguientes ideas y elige algunas. Luego, añade[2] un par de ideas tuyas y organízalas para escribir tu propio reportaje.

[1] la fiesta de despedida *Abschiedsparty*
[2] añadir *hinzufügen*

baile tradicional español   25 de marzo   móviles modernos   día feliz y triste   fiesta en la cafetería
ropa típica alemana   chicos españoles y alemanes   españoles vuelven a su país   ropa a la moda

Puedes utilizar uno de estos métodos para organizar tus ideas:

una tabla,

¿Quién?	¿Qué?	¿Cuándo?	¿Dónde?	¿Por qué?	¿Cómo?
		25 de marzo			

o un mapa mental.

[1] añadir *hinzufügen*

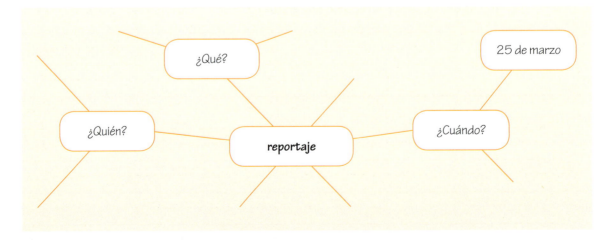

c Utiliza las ideas de **b** para escribir en tu cuaderno el reportaje sobre la fiesta. Escribe dos o tres párrafos.

B   UN COLEGIO DE 25 ESTRELLAS

La hospitalidad[1] alemana durante 12 días

Quince alumnos del Instituto Los Enlaces descubren Alemania

Alberto Clavijo

Llegamos a Giengen an der Brenz, un pueblo alemán de la región de Baden-Wurtemberg, a las 9 de la noche. Allí, en la estación, nos esperaban las familias alemanas con las que íbamos a pasar[2] 12 días.

La mañana siguiente desayunamos en el instituto en el que estudian nuestros compañeros alemanes. Nos mostraron las instalaciones y fuimos con los chicos a una clase de español. Más tarde fuimos al ayuntamiento, donde el alcalde nos explicó la historia del pueblo.

En los siguientes días pudimos ver gran parte de la región. En Aalen, visitamos el museo romano en el que se encontraban unas ruinas y pudimos disfrutar 3 horas en aguas termales en el balneario Lymes Thermen. También vimos las tres empresas más importantes de Giengen y una mañana fuimos a la cueva de Charlottenhöhlen.

No todo fueron visitas culturales, también pasamos dos fines de semana con las familias: a unos los llevaron a parques de atracciones, otros a los karts[3] o simplemente de compras.

El idioma no fue problema porque la mayoría de los chicos alemanes sabe español y muchos de ellos, inglés. En cuanto a la cultura alemana, puedo decir que son bastante más limpios que nosotros, no vimos ni una triste colilla[4], ni un papel, ni un plástico en el suelo. Sin embargo, los españoles ganamos en la comida, ya que los alemanes comen demasiada carne y las salsas tienen mucha grasa[5]. Lo más típico son las salchichas[6] con mostaza y un plato de pasta con una salsa muy rica, pero de nombre impronunciable[7].

El viaje fue en general muy interesante para mí, pero todo hubiera sido mejor[8] si la aerolínea no hubiera perdido[9] mis maletas en Barcelona el primer día de viaje. Todavía hoy no me las han dado.

Quelle: http://www.periodicodelestudiante.net

1 la hospitalidad *die Gastfreundschaft*	5 la grasa *das Fett*	8 hubiera sido mejor *wäre besser gewesen*
2 íbamos a pasar *verbringen sollten*	6 la salchicha *die Wurst*	9 no hubiera perdido *nicht verloren hätte*
3 el kart *hier: die Gokart-Bahn*	7 impronunciable *unaussprechlich*	
4 la colilla *die Zigarettenkippe*		

1   Lee el texto y marca con una equis si las frases son correctas, falsas o si no están en el texto.

 **Lesen, S. 126 / 3**

	correcto	falso	No está en el texto.
1. Los chicos del Instituto los Enlaces visitaron todos los días algo cultural.		x	
2. Algunos chicos alemanes hablaban también catalán.			x
3. Según el texto, los españoles son menos limpios que los alemanes.	x		
4. Toda la comida alemana le gustó a los chicos españoles.		x	
5. Nadie tuvo problemas con sus maletas.		x	

2   Fasse auf Deutsch den Text zusammen und erkläre ihn einem Freund, der kein Spanisch spricht.

<u>Individuelle Lösung</u>

_____

_____

_____

_____

_____

_____

_____

_____

AUTOCONTROL

1 Completa la tabla con las formas que faltan.

infinitivo	1. pers.sg. indicativo	1. pers. sg. subjuntivo	1. pers. pl. subjuntivo
tener		tenga	
	estoy		estemos
		tome	
haber			
	puedo		
			escribamos

2 Escribe lo que piensa Lucía antes de su examen de Inglés.

Me da miedo que	Espero que

1. _____ *(ser)* un exámen difícil.

2. _____ *(poner* / el profe) demasiadas preguntas.

3. _____ *(darnos* / él) mucho tiempo para hacerlo …

4. _____ *(tener* / nosotros) todos al menos un «aprobado» al final.

5. _____ *(poder* / nosotros) hacer el examen en grupos.

3 La madre de Pablo ha dejado una nota para él. Completa las frases. Utiliza para que + subjuntivo.

1. Te he dejado dinero _____ *(comprar* / tú) pan.

2. En la nevera encuentras queso y jamón _____ *(prepares* / tú) bocadillos.

3. El número de tu tía está en la mesa _____ *(llamar*la / tú) si necesitas algo.

4. Tu padre ha preparado tu uniforme de fútbol _____ *(poder* / tú) jugar por la tarde.

5. Ayuda a tu hermana _____ *(terminar* / ella) temprano sus deberes.

6. Sacad a nuestro pobre perro a pasear _____ *(alegrarse* / él) un poco.

7. Estudia Mates _____ *(sacar* / tú) buenas notas en el examen.

8. Devuélvele todos los cómics a la vecina _____ *(tener* / tú) más sitio en tu escritorio.

9. Por último, búscale a tu hermana el libro sobre peces _____ *(escribir* / ella) un texto.

4 Completa el texto.

Hola, Marcela:

¿Qué tal? Desde hace días quiero escribirte, pero no he tenido mucho tiempo.

Aquí en Esp_____ estamos más o menos. No he apro_____ todos los exá_____. Mis padres no

lo saben todavía. Me da miedo que se ha arm_____ una bro_____ en casa. Espero que Ana y yo

po_____ ir a la pla_____ estas vacaciones, pero no creo. Ten_____ que emp_____ para las

recuperaciones en sep_____. ¡Qué pena!

¿Y tú? ¿Qué has he_____? Ojalá que tú y tus padres ten_____ tiempo para venir al pue_____.

¡Escríbeme pronto!
Un beso, Marga

5 ¿Cómo dices en español las frases <u>subrayadas</u>? Utiliza ser o estar.

1. <u>Luz ist krank.</u> Sie bleibt heute zu Hause. _____

2. <u>Der Kuchen schmeckt sehr gut!</u> _____

3. <u>Carlos ist sehr schlau.</u> Er schreibt immer beste Noten! _____

4. <u>Seid Ihr fertig?</u> Los jetzt! _____

5. Herr Gómez hat vier Häuser. <u>Er ist sehr reich!</u> _____

6. <u>Die Suppe ist sehr lecker!</u> _____

7. <u>Meine Großmutter ist so gutmütig,</u> immer schenkt sie uns etwas. _____

8. <u>Capitán ist ein böser Hund.</u> Er bellt und beißt immer! _____

6 Completa las frases la palabras correcta.

| menos | corte | miedo | hambre | nervios |

1. Pepe coge mis cosas y no me pregunta. Me tiene de los _____.

2. Hace dos semanas estoy en casa de mi tía y ya hecho de _____ a mi madre.

3. El perro de Ana es grande y agresivo. Por eso me da _____ tocarlo.

4. A Carlos le gusta Ángela. Por eso le da _____ hablar con ella.

5. Como no me gustaba lo que había en el comedor del instituto me he quedado con

_____.

7 La educación en España. Completa las frases.

En España los más pequeños van a la _____. Cuando cumplen tres años van a la

_____. Después van al _____. De los 12 a los 16 años van al

_____. Luego pueden hacer el _____ o una _____.

Lösungen
S. 86/87

ANDALUCÍA – ¡NO TE LO PIERDAS!

¡ACÉRCATE!

1 ¿Qué cosas interesantes puedes ver en Andalucía? Relaciona y escribe frases.

El flamenco ... **1** ————————————— **b** ... música tradicional de Andalucía

Granada ... **2** **a** ... Parque Nacional de Doñana

Sierra Nevada ... **3** **c** ... invernaderos

Tarifa ... **4** **d** ... plantas de energía solar

Frutas y verduras ... **5** **e** ... esquiar

Aves migratorias ... **6** **f** ... África

<u>El flamenco es la música tradicional de Andalucía. Lösungsvorschlag: En Granada están las</u>

<u>plantas de energía solar más grandes del mundo. En Sierra Nevada puedes esquiar de</u>

<u>noviembre a mayo. Tarifa está a sólo 14 kilómetros de África. Muchas de las frutas y</u>

<u>verduras que compramos en Alemania vienen de los invernaderos de Andalucía. Muchas aves</u>

<u>migratorias pasan el invierno en el Parque Nacional Doña Ana.</u>

■■■ ¡ACUÉRDATE!

2 Completa el folleto con las formas del imperativo positivo.

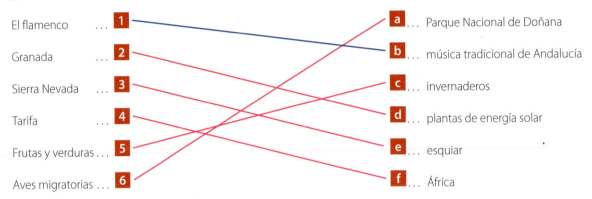

Consejos para el visitante de la Feria de abril.

⭐ ¿Estás en Sevilla más o menos dos semanas antes de la Semana

Santa[1]? Entonces <u>**ven**</u> (*venir*/tú) y <u>**diviértete**</u>

(*divertirse*/tú) en la tradicional Feria de abril.

⭐ ¿Estás en la región de Andalucía? Entonces <u>**haz**</u> (*hacer*/tú)

una excursión de un día a la ciudad.

⭐ ¿Quieres parecer un sevillano más? <u>**Ponte**</u> (*ponerse*/tú)

un «traje de feria» y <u>**sal**</u> (*salir*/tú) a la calle a pasear.

⭐ ¿Quieres comer algo típico la primera noche? <u>**Busca**</u> (*buscar*/tú) pescado frito para cenar.

⭐ ¿Te gusta la música? <u>**Escucha**</u> (*escuchar*/tú) a los mejores cantaores de Andalucía en un

concierto. ¿Prefieres hacer otra cosa? <u>**Juega**</u> (*jugar*/tú) a la tómbola o al bingo en «La calle del

infierno».

Sevillanos con traje de feria

1 la Semana Santa *Karwoche*

3 Pablo, sus primos y su tía van de paseo. Pero los chicos son un caos. ¿Qué les dice la tía? Utiliza el imperativo negativo.

¡No *dormir* al sol!
¡No *perder* vuestras gorras!
¡No *olvidar* vuestras mochilas!
¡No *quitarse* los zapatos!
¡No *comer* dulces antes de la comida!
¡No *jugar* todo el tiempo con vuestros móviles!
¡No *escuchar* música tan alto!

¡No durmáis al sol!

¡No perdáis vuestras gorras!

¡No olvidéis vuestras mochilas!

¡No os quitéis los zapatos!

¡No comáis dulces antes de la comida!

¡No juguéis todo el tiempo con vuestros móviles!

¡No escuchéis música tan alto!

4 Antes de ir a Sevilla, Pablo tiene que hacer muchas cosas, pero no tiene ganas. ¿Qué le dicen su angelito[1] y su diablillo[2]? Utiliza el imperativo positivo, el imperativo negativo y los pronombres.

Tengo que hacer mis deberes antes del viaje.   Hazlos.   No los hagas.

1. Tengo que hacer mis deberes antes del viaje.

2. Tengo que sacar la basura de mi habitación.
2. ¡Sácala!, ¡No la saques!

3. Tengo que ordenar mi habitación.
3. ¡Ordénala!, ¡No la ordenes!

4. Tengo que comprar un regalo para mis primos.
4. ¡Cómpralo!, ¡No lo compres!

5. Tengo que preparar mi maleta.
5. ¡Prepárala!, ¡No la prepares!

6. Tengo que buscar mi bañador[3].
6. ¡Búscalo!, ¡No lo busques!

7. Tengo que lavar mi chaqueta favorita.
7. ¡Lávala!, ¡No la laves!

8. Tengo que elegir unos libros para el viaje.
8. ¡Elígelos!, ¡No los elijas!

1 el angelito *das Engelchen*   2 el diablito *das Teufelchen*
3 el bañador *der Badeanzug*

5 Escucha el anuncio auténtico de radio[1] y marca con una equis la respuesta correcta.

16

1. ¿De qué hablan?
   a) De un problema.
   b) De una fiesta.   ×
   c) De un programa de radio.

2. ¿De qué lugar hablan?
   a) Granada
   b) Tarifa
   c) Cádiz   ×

3. ¿Qué son las chirigotas?
   a) Obras de teatro.
   b) Canciones.   ×
   c) Chistes.

1 el anuncio auténtico *der authentische Werbespot*

6 Jugar un papel. ▶▶ p. 81 / 82

1 Encuentra las palabras en la sopa de letras y después completa las frases.

s	m	a	l	c	a	l	d	e	t
u	c	y	m	é	g	h	j	l	r
a	t	u	b	s	h	c	b	u	e
m	o	n	o	p	a	t	í	n	s
p	w	t	w	e	j	a	t	b	d
l	f	a	c	d	k	s	l	h	n
i	a	m	v	t	o	v	n	m	e
a	z	i	c	b	d	y	z	i	c
r	p	e	s	t	a	n	q	u	e
e	r	n	c	d	f	i	p	s	s
x	d	t	g	q	r	a	x	ú	a
b	c	o	n	s	t	r	u	i	r
t	x	q	a	r	e	m	x	y	i
i	y	s	f	u	r	i	o	s	o

1. El __ayuntamiento__ de Sevilla quiere __construir__ un aparcamiento en la plaza.

2. Primero, Pepe está __furioso__, pero después tiene una idea.

3. Pepe propone llamar al __alcalde__ en un programa de la radio.

4. Para Ángela es __necesario__ que los chicos sepan primero lo que van a decirle al alcalde.

5. Alejandro dice que el ayuntamiento va a __ampliar__ el parque de San Lorenzo para todos los chicos.

6. Para Pepe contesta que en el parque está prohibido pisar el __césped__, estar a orillas del __estanque__ o ir en __monopatín__.

2 a Encuentra los contrarios y escríbelos. Al lado de las palabras puedes hacer dibujitos o símbolos.

> alegre difícil callado tonto tarde bueno pequeño alto triste fácil largo
> corto mucho simpático abierto limpio aburrido grande malo bonito poco cerrado
> sucio viejo nuevo temprano interesante bajo feo listo parlanchín pesado

__alegre ☺ – triste ☹__

__bueno – malo__

__grande- pequeño__

__fácil – difícil__

__poco – mucho__

__alto - bajo__

__viejo – nuevo__

__largo-corto__

__bonito – feo__

__sucio-limpio__

__cerrado – abierto__

__temprano – tarde__

__aburrido – interesante__

__pesado – simpático__

__callado – parlanchín__

__listo - tonto__

b ¿Cómo eres tú? Descríbete con los adjetivos de **a** y con otros que ya conoces.

3 a Escribe las frases en los letreros¹. Utiliza *se* + verbo.

1
Se habla alemán.

2
Se venden tortillas.

3
No se permiten perros.

4
Se construye una guardería.

5
Se prohíbe pasar.

no *permitir* / perros
prohibir / pasar
hablar / alemán
construir / una guardería
vender / tortillas

1 el letrero *das Schild*

b Dibuja y escribe dos letreros más con cosas que se pueden hacer o no en la biblioteca de tu instituto.

4 Los chicos hablan sobre el aparcamiento. Completa el diálogo con las formas del subjuntivo.

No es justo que
construyan
(*construir* / ellos) un aparcamiento aquí.

Propongo que
llamemos
(*llamar* / nosotros) al alcalde.

Me fastidia que
penséis
(*pensar* / vosotros) que lo podemos resolver todo.

Me molesta que los jóvenes no
tengan
(*tener*) ningún sitio.

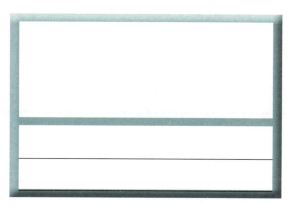

En el otro parque está prohibido que
vayas (*ir* / tú)
en monopatín.

Es necesario que
pensemos
(*pensar* / nosotros) lo que vamos a decirle al alcalde.

Es importante que no
tengamos
(*tener* / nosotros) bronca entre nosotros

5 Haz el tándem. ▸▸ p. 77

6 a ¿Qué piensan los chicos? Utiliza las expresiones siguientes y el subjuntivo.

Es una lástima que … Está prohibido que …
Es necesario que … No es justo que …

no *tener* dinero para helado   *quitar* / plaza
no *poder* jugar en el césped   no *poder* (ella) ir al cine
mi equipo / *ganar*   *ir* en monopatín

1. Es una lástima que no tenga dinero para un helado.

2. No es justo que no podamos jugar en el césped.

3. Es una lástima que no pueda ir al cine.

4. No es justo que nos quiten nuestra plaza.

5. Es necesario que mi equipo gane.

6. Está prohibido que vayáis en monopatín.

b Y a ti, ¿qué no te parece justo? Escribe tres cosas que no son justas en tu barrio, tu instituto o en tu casa.

No es justo que …

7 Escucha la entrevista y marca con una equis la respuesta correcta.

17
DELE

1. El deporte que Gisela Pulido hacía antes era …
   a) snowboard.
   b) surf.
   c) nadar. ☒

2. El padre de Gisela fue el primero en hacer kite en …
   a) Alemania.
   b) España.
   c) Barcelona. ☒

3. Gisela quería ir al Campeonato del Mundo. Su padre …
   a) no estaba de acuerdo.
   b) la apoyó. ☒
   c) estaba de acuerdo pero sólo si ganaba.

Gisela Pulido practica kite-surf

4. Gisela se mudó de Barcelona a Tarifa porque …
   a) allí hay más viento. ☒
   b) allí están los mejores surfistas.
   c) allí los chicos salen tarde del colegio.

5. En el futuro Gisela quiere …
   a) volver a Barcelona.
   b) ser la mejor del kite-surf. ☒
   c) tener una escuela de kite-surf.

8 Un día Gisela no gana un campeonato. Escribe en tu cuaderno un diálogo con su padre.

9 a Relaciona los problemas con el consejo adecuado[1].

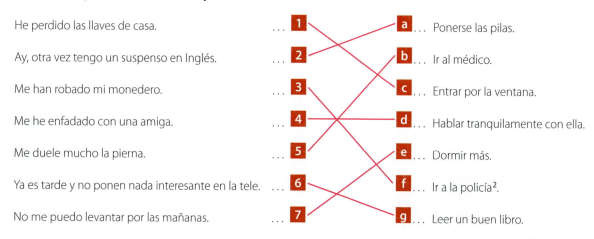

He perdido las llaves de casa. … **1**

Ay, otra vez tengo un suspenso en Inglés. … **2**

Me han robado mi monedero. … **3**

Me he enfadado con una amiga. … **4**

Me duele mucho la pierna. … **5**

Ya es tarde y no ponen nada interesante en la tele. … **6**

No me puedo levantar por las mañanas. … **7**

a … Ponerse las pilas.

b … Ir al médico.

c … Entrar por la ventana.

d … Hablar tranquilamente con ella.

e … Dormir más.

f … Ir a la policía[2].

g … Leer un buen libro.

1 adecuado/-a *hier: passend*
2 la policía *die Polizei*

b Marcela tiene los problemas de **a**. ¿Qué le dices? Utiliza:

Es necesario que Es importante que Te propongo que	+ subjuntivo

1. Te propongo que entres por la ventana.

2. Es necesario que te pongas las pilas.

3. Es necesario que vayas a la policía.

4. Es importante que hables tranquilamente con ella.

5. Es necesario que vayas al médico.

6. Te propongo que leas un buen libro.

7. Es necesario que duermas más.

10 El ayuntamiento quiere cerrar el centro juvenil al que Diego siempre va. Ayúdalo a escribir una carta.

Estimados Señores:

Mi nombre es Diego González y hace poco me enteré que la ciudad quiere cerrar el centro juvenil de mi barrio.

Es una lástima que _____

_____

Es necesario que _____

_____

Me molesta que _____

_____

Por último, espero que _____

Atentamente,   *Diego González*

11   MI RINCÓN ¡En mi ciudad!

Describe tu lugar favorito en tu ciudad. Explica por qué te gusta. Si no tienes un lugar favorito, inventa uno.

1 Deine Familie und du möchtet den Nationalpark Coto de Doñana besuchen. Erkläre deiner Familie auf Deutsch, was man dort sehen kann und wie die Situation der zwei bekanntesten Tiere des Parks ist.

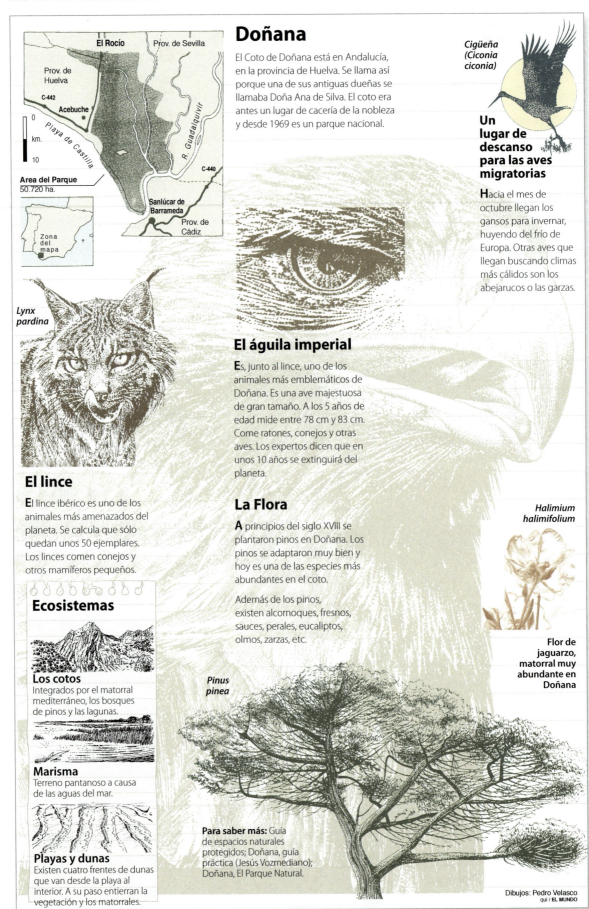

Doñana

El Coto de Doñana está en Andalucía, en la provincia de Huelva. Se llama así porque una de sus antiguas dueñas se llamaba Doña Ana de Silva. El coto era antes un lugar de cacería de la nobleza y desde 1969 es un parque nacional.

Cigüeña (Ciconia ciconia)

Un lugar de descanso para las aves migratorias

Hacia el mes de octubre llegan los gansos para invernar, huyendo del frío de Europa. Otras aves que llegan buscando climas más cálidos son los abejarucos o las garzas.

Lynx pardina

El águila imperial

Es, junto al lince, uno de los animales más emblemáticos de Doñana. Es una ave majestuosa de gran tamaño. A los 5 años de edad mide entre 78 cm y 83 cm. Come ratones, conejos y otras aves. Los expertos dicen que en unos 10 años se extinguirá del planeta.

El lince

El lince ibérico es uno de los animales más amenazados del planeta. Se calcula que sólo quedan unos 50 ejemplares. Los linces comen conejos y otros mamíferos pequeños.

La Flora

A principios del siglo XVIII se plantaron pinos en Doñana. Los pinos se adaptaron muy bien y hoy es una de las especies más abundantes en el coto.

Además de los pinos, existen alcornoques, fresnos, sauces, perales, eucaliptos, olmos, zarzas, etc.

Halimium halimifolium

Flor de jaguarzo, matorral muy abundante en Doñana

Ecosistemas

Los cotos
Integrados por el matorral mediterráneo, los bosques de pinos y las lagunas.

Marisma
Terreno pantanoso a causa de las aguas del mar.

Playas y dunas
Existen cuatro frentes de dunas que van desde la playa al interior. A su paso entierran la vegetación y los matorrales.

Pinus pinea

Para saber más: Guía de espacios naturales protegidos; Doñana, guía práctica (Jesús Vozmediano); Doñana, El Parque Natural.

Dibujos: Pedro Velasco
qui / EL MUNDO

Area del Parque 50.720 ha.

El Rocío — Prov. de Sevilla — Prov. de Huelva — C-442 — Acebuche — Playa de Castilla — R. Guadalquivir — C-440 — Sanlúcar de Barrameda — Prov. de Cádiz — Zona del mapa — km. 0 — 10

AUTOCONTROL

1 ¿Qué se puede hacer y qué no se puede hacer en un museo? Escribe las frases con se + verbo.

tocar los cuadros   *aprender* cosas nuevas   *comer*   *beber*   *jugar*   *leer* la información

_____

_____

_____

_____

_____

_____

_____

2 Completa la tabla.

infinitivo	1ª pers. sing. indicativo	Subjuntivo	
	sigo	(yo)	(nosotros)
pedir		(ella)	(ellas)
		(él) sea	(nosotros)
		(tú)	(ellos) vayan
	sé	(yo)	(vosotros)
		(yo)	(nosotros) durmamos
		(tú)	(nosotros) construyamos

3 Escribe en imperativo negativo lo que dice la madre de Marcela.

1. No *olvidar* tus deberes.
2. No *ir* sola al centro.
3. No *poner* la música tan alto.
4. No *dejar* tu habitación tan desordenada.
5. No *llegar* tarde a casa.
6. No *pedirme* más dinero.

_____

_____

_____

_____

_____

_____

4 Completa las oraciones con el subjuntivo.

1. No es justo que _____ (*construir* / ellos) una aparcamiento en la plaza.

2. Es importante que los jóvenes también _____ (*tener* / nosotros) un sitio para estar.

3. En el parque está prohibido que _____ (*ir* / tú) en monopatín.

4. Es una lástima que los adultos no _____ (*saber*) por qué el centro es tan importante para nosotros.

5. A Maripaz y a mí nos fastidia que el alcalde no nos _____ (*escuchar*).

6. Es necesario que _____ (*seguir* / nosotros) hablando con la gente.

5 Escribe lo que piensa Ángela después de lo que ha pasado en el parque.

No es justo que	Es necesario que

1. _____ (*quitarnos* / ellos) nuestro parque.

2. _____ (*reunirse* / nosotros) pronto para planear qué vamos a decir.

3. _____ (*contar* / nosotros) a nuestros padres lo que está pasando.

4. _____ (*cerrar* / ellos) el parque.

5. _____ (*entender* / ellos) por qué el parque es importante para nosotros.

6 Was sagst du wenn …

… jemand etwas auf keinen Fall verpassen sollte:

_____

… jemand sich keine Gedanken machen soll:

_____

… du etwas nicht erträgst:

_____

… etwas nicht gerecht ist:

_____

… es keinen Grund gibt sich zu streiten:

_____

Lösungen
S. 87 / 88

DONDE CRECE EL PLÁTANO

¡ACÉRCATE!

1 Marca con una equis el final correcto de las siguientes frases.

1. Las plantas de plátano crecen en lugares:
   a) fríos. ☐
   b) donde llueve mucho. ☒
   c) a 2000 metros de altura. ☐

2. Para proteger los racimos de plátano se utilizan:
   a) los parásitos y las enfermedades. ☐
   b) bolsas de plástico y productos químicos. ☒
   c) el sol y el agua. ☐

3. Se recogen los racimos de plátano cuando:
   a) están maduros y listos para comerlos. ☐
   b) son muy pequeños y están encorvados. ☐
   c) cumplen nueve meses y todavía están verdes. ☒

4. Los barcos en los que los plátanos vienen a Europa funcionan como:
   a) cámaras para madurar. ☐
   b) congeladores. ☒
   c) mercados. ☐

5. Los plátanos maduran en:
   a) el barco. ☐
   b) en Europa. ☒
   c) en el país donde se cultivan. ☐

2 Busca en el texto de las páginas 104 y 105 información sobre los trabajadores de una plantación de plátano.

Los trabajadores tienen enfermedades por los productos químicos que usan para proteger los plátanos. Su trabajo en las plantaciones es muy duro pero ganan poco. Ellos recogen los plátanos, los lavan, los miden y los empacan.

3 Escucha y marca con una equis si es correcto, falso o si no está en el texto.

18

	correcto	falso	No está en el texto.
1. Además de comer la fruta del plátano, también se puede hacer muchas cosas con las otras partes de la planta.	☒	☐	☐
2. En algunos lugares hacen ropa y zapatos elegantes con las otras partes de la planta del plátano.	☐	☒	☐
3. Con esta planta también es posible hacer sillas.	☒	☐	☐
4. Con el papel de plátano se hacen libros muy bonitos.	☐	☐	☒

4 Jugar un papel: un viaje a Latinoamérica. ▶▶ p. 81 / 82

A UN DÍA NORMAL

1 Busca en el texto «Un día normal» información sobre las siguientes cosas:

la comida	el colegio	los animales

<u>La comida: Paloma y su familia desayunan arepas con café. Por la tarde, ella y su hermano</u>

<u>comen empanadas con café. El colegio: el colegio empieza muy temprano y está muy lejos.</u>

<u>Ella y su hermano van a pie. Los animales: Paloma y los vecinos tienen gallinas.</u>

2 Más sobre Colombia: busca en internet más información sobre uno de los temas de **1** y escribe un pequeño texto.

<u>Individuelle Lösung</u>

3 Completa las oraciones con la expresión correcta.

dar de comer *dar* la vuelta *dar* envidia
dar la lata *darse* cuenta *darse* prisa
dar un corte *dar* una pista

1. Los sábados me levanto muy tarde. ¡Por suerte mi

   madre le **da de comer** a los animales!

2. Rocío no tiene hermanos y en casa no hace nada. ¡A veces me **da envidia**!

3. Durante el camino al colegio, los chinos le **dan la lata** a Rocío.

4. Rocío está molesta conmigo ¿Y los chinos? ¡Ellos no **se dan cuenta** de nada!

5. En el colegio, la profe nos regaña siempre por nuestros zapatos. ¡Nos **da un corte**!

6. Cuando Rocío y yo jugamos al trivial[1], ella siempre me **da una pista**.

7. Quiero conocer la isla. Por eso le **doy la vuelta** en bici.

8. Tú siempre llegas tarde porque nunca **te das prisa**.

1 jugar al trivial *ein Quiz machen*

■■■ **¡ACUÉRDATE!**

4 a Explica como en el ejemplo quién hace qué en casa de Rocío.

| *preparar* la cena   *hacer* la cama   *fregar* platos   *dar* de comer a los animales   *cuidar* el jardín |

<u>En casa de Rocío la cena la prepara la madre.</u>

<u>Los platos los friega también la madre.</u>

<u>A los animales les da de comer la abuela.</u>

<u>Las camas las hace Rocío.</u>

<u>El jardín lo cuida el padre de Rocío.</u>

b ¿Quién crees que hace estas otras tareas en casa de Rocío?

| *hacer* la compra   *sacar* la basura   *sacar* a pasear al perro   *limpiar* la casa |

<u>Creo que ... la compra la hace la madre.</u>

<u>La basura la saca el padre.</u>

<u>Al perro lo saca a pasear Rocío. La casa la limpia el padre.</u>

5 Después del colegio, Paloma habla con su familia. Completa las respuestas a las preguntas con los pronombres de complemento <u>directo</u> e <u>indirecto</u>.

1. **Madre:** Paloma, ¿les llevas <u>las arepas a los tíos</u>, por favor?
   Paloma: Sí, claro <u>se</u> <u>las</u> llevo enseguida, mamá.

2. **Paloma:** Carlos, ¿<u>me</u> prestas <u>tus lápices de color</u>, por favor?

   Carlos: Los estoy usando, pero **te** **los** doy más tarde, ¿está bien?

3. **Paloma:** Abuelita, ¿<u>le</u> diste <u>a Carlos las empanadas</u> para vender en el cole?

   Abuela: Sí, ya **se** **las** di.

4. **Madre:** ¿<u>Me</u> puedes apuntar <u>lo que necesita Paloma</u> para la cena, Carlos?

   Carlos: ¡Claro, mamá!, ¿**te** **lo** en esta hoja?

5. **Padre:** ¿<u>Le</u> has dicho <u>a tus amigos</u> que mañana empieza la cosecha[1] de los plátanos?

   Paloma: Sí, **se** **lo** he dicho ya.

6. **Madre:** Paloma, ¿Rocío <u>te</u> dio ayer <u>los deberes de Matemáticas</u>?

   Paloma: Sí, **me** **los** cuando volvió del colegio.

1 la cosecha *die Ernte*

6 Rocío también habla con su familia. Primero lee las preguntas y subraya con color el complemento directo y el complemento indirecto. Luego, escribe las respuestas y utiliza los pronombres de complemento.

1. **Padre:** Rocío, ¿Quién te ha regalado ese libro?

   Rocío: <u>Me lo ha regalado mamá.</u>

2. **Rocío:** ¿Le has comprado el vestido azul a mamá?

   Padre: <u>No, no se lo he comprado.</u>

3. **Madre:** ¿Le devolviste ayer las revistas a la vecina?

   Abuela: <u>Se las devolví ayer.</u>

4. **Rocío:** ¿Quién nos ha enviado esta carta?

   Madre: <u>Nos la ha enviado tu tía.</u>

5. **Padre:** ¿Quién le ha prestado nuestro paraguas al padre de Paloma?

   Abuela: <u>Se lo he prestado yo.</u>

7 Lee las preguntas y ordena las respuestas. A veces hay dos soluciones posibles.

> Bei manchen Sätzen musst du auf die Akzentsetzung achten!

1. – Paloma, ¿sabes quién ha abierto el corral a las gallinas? – (se / han abierto / lo / los chinos)

   <u>Los chinos se lo han abierto.</u>

2. – Papá, ¿cuándo vas a darme mi regalo de cumpleaños? – (voy a dar / te / el día / tu cumpleaños / lo / de)

   <u>Te lo voy a dar el día de tu cumpleaños. / Voy a dártelo el día de tu cumpleaños.</u>

3. – Mamá, ¿quién tiene que le limpiar el patio a la abuela? – (se / Carlos / limpiar / lo / tiene que)

   <u>Se lo tiene que limpiar Carlos. / Tiene que limpiárselo Carlos.</u>

4. – Chinos, ¿quién les cuenta a ustedes esas historias tan divertidas? – (papá / nos / cuenta / las)

   <u>Nos las cuenta papá.</u>

5. – Carlos, ¿tienes que mostrarle tu examen de Mates a mamá? – (mostrar / sí / se / tengo que / lo)

   <u>Sí, tengo que mostrárselo. / Sí, se lo tengo que mostrar.</u>

6. – Abuela, ¿quién te ha hecho la compra? – (ha hecho / me / el vecino / la)

   <u>Me la ha hecho el vecino.</u>

8 Carlos y Paloma no se llevan bien. Ella dice una cosa y él siempre dice lo contrario. Completa lo que dice ella y escribe lo que dice él.

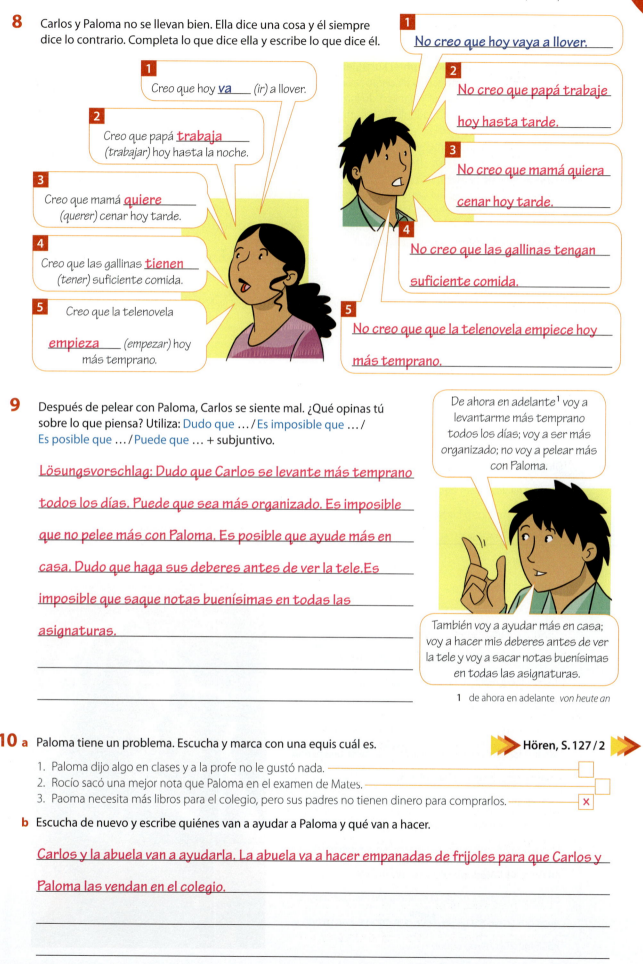

1 No creo que hoy vaya a llover.

1 Creo que hoy **va** (ir) a llover.

2 No creo que papá trabaje hoy hasta tarde.

2 Creo que papá **trabaja** (trabajar) hoy hasta la noche.

3 No creo que mamá quiera cenar hoy tarde.

3 Creo que mamá **quiere** (querer) cenar hoy tarde.

4 No creo que las gallinas tengan suficiente comida.

4 Creo que las gallinas **tienen** (tener) suficiente comida.

5 No creo que que la telenovela empiece hoy más temprano.

5 Creo que la telenovela **empieza** (empezar) hoy más temprano.

9 Después de pelear con Paloma, Carlos se siente mal. ¿Qué opinas tú sobre lo que piensa? Utiliza: Dudo que … / Es imposible que … / Es posible que … / Puede que … + subjuntivo.

De ahora en adelante[1] voy a levantarme más temprano todos los días; voy a ser más organizado; no voy a pelear más con Paloma.

Lösungsvorschlag: Dudo que Carlos se levante más temprano todos los días. Puede que sea más organizado. Es imposible que no pelee más con Paloma. Es posible que ayude más en casa. Dudo que haga sus deberes antes de ver la tele. Es imposible que saque notas buenísimas en todas las asignaturas.

También voy a ayudar más en casa; voy a hacer mis deberes antes de ver la tele y voy a sacar notas buenísimas en todas las asignaturas.

1 de ahora en adelante *von heute an*

10 a Paloma tiene un problema. Escucha y marca con una equis cuál es.   ▶▶ Hören, S. 127 / 2 ▶▶

19

1. Paloma dijo algo en clases y a la profe no le gustó nada. ☐
2. Rocío sacó una mejor nota que Paloma en el examen de Mates. ☐
3. Paoma necesita más libros para el colegio, pero sus padres no tienen dinero para comprarlos. ☒

19

b Escucha de nuevo y escribe quiénes van a ayudar a Paloma y qué van a hacer.

Carlos y la abuela van a ayudarla. La abuela va a hacer empanadas de frijoles para que Carlos y Paloma las vendan en el colegio.

11 Haz el tándem. ▶▶ p. 78

Wie du deinen Text (z. B. eine Biographie) korrigieren kannst

Bevor du einen Text schreibst, musst du dir darüber Gedanken machen, was und wie du ihn schreiben möchtest. Danach schreibst du deinen Text auf. Aber liest du ihn immer noch einmal durch, bevor du ihn abgibst? Vergiss eine letzte Korrektur nicht! So wird das Ergebnis besser und deine Noten bestimmt auch!

Schaue im Buch „Fehler selber korrigieren", S. 132 / 133 und schreibe die Fehler in dein Heft ab, die typisch für dich sind. Ergänze weitere Fehler, die du immer wieder machst. Überprüfe mit Hilfe dieser Checkliste deine Texte.

Hier hast du außerdem einige Tipps, damit du systematisch die Anzahl deiner Fehler verringern kannst:

Wenn du **grammatische Fehler** machst, kannst du

- auf den Resumen-Seiten und auf den Konjugationstabellen im Schülerbuch nachschlagen;
- Regeln und Tipps im Grammatikheft suchen und
- die Übungen von den Autocontrol-Seiten im Cuaderno de ejercicios machen.

Wenn du **Rechtschreibfehler** machst, kannst du

- in der alphabetischen Liste im Schülerbuch und / oder in einem Wörterbuch nachschlagen und
- die Regeln für die Betonung im Schülerbuch lesen

Wenn du **Wortschatzfehler** machst, kannst du

- auf der Seite „Verben und ihre Ergänzungen", in den chronologischen und alphabetischen Listen im Schülerbuch sowie in einem Wörterbuch nachschlagen.

1 Ein Schüler hat eine kurze Biographie über Shakira geschrieben. Danach hat er diese korrigiert. Schaue dir den Text genau an und schreibe in deinem Heft auf, was für Fehler er gemacht hat und worauf er am meisten achten muss.

Shakira

Shakira nació en Barranquilla, Colombia, ^{en}1977. Su madre es ^Ckolombiana y su padre libanés y es la menor de ocho hermanos y hermanas.

Cuando ^{tenía}era ocho años, escribió su primera canción, «Tus gafas oscuras», que ^{contaba}contó sobre las gafas de sol de su ^pPadre.

A Shakira también le gustaba mucho bailar y bailaba con un ^gGrupo de bailes tradicionales libaneses.

Shakira cuenta siempre que cuando estaba en el colegio, cantaba en el coro. Sin embargo, su voz ^{fue}era tan fuerte que a muchos no les gustaba. Aún así, ella soñaba ^{con}de ser cantante.

A los 14 años ^{grabó}grababa su primer disco, pero no se vendió bien. Entonces Shakira ^{decidió}decidia hacer una pausa y terminar primero su bachillerato.

Cuatro años después grabó el disco «Pies descalzos», con el que se volvió muy famosa en toda América Latina. Desde entonces todos sus discos se venden muchísimo en América Latina y en el resto del mundo.

En 2003 Shakira fundó la «Fundación Pies Descalzos», que construye escuelas, ^{tiene}tene comedores para niños y hace muchas otras cosas.

2 Escribe en tu cuaderno la biografía de tu estrella favorita. Luego corrígela con ayuda de tu lista de errores.

B ¡TODOS SOMOS AMERICANOS!

1 Überfliege den Text unten. Worum geht es im Text?

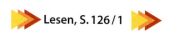 **Lesen, S. 126 / 1**

Allgemeine Infos zu Bogotá.

Información útil sobre Bogotá

 ADUANA Y VISAS
Al ingresar al país, recibirá un formulario para la declaración de su equipaje, objetos personales, mercancías y la cantidad de dinero que ingresa al país. Los viajeros con motivo de turismo tienen derecho a permanecer hasta 90 días. Para salir del país, debe pagar un impuesto de salida, consulte en su hotel o agencia de viajes.

 HORARIO COMERCIAL
Comúnmente los establecimientos comerciales abren de lunes a sábado de las 9:00 a.m. hasta las 8:00 p.m. y domingos y días festivos, los centros comerciales en su mayoría tienen un horario de 10:00 a.m. a 7:00 p.m. Para confirmar el horario, llame a su sitio de interés.

 IDIOMA
El español es el idioma oficial. En el caso de requerir traductor, consulte la lista oficial de traductores de su embajada.

 PROPINAS
Las propinas son voluntarias, en algunos bares y restaurantes incluyen un 10% como propina sobre el valor de la cuenta, usted puede pagarla o no. Este valor es decisión del consumidor (no es obligatorio). Los maleteros del aeropuerto suelen cobrar $2.000 pesos colombianos por cada maleta. A los taxistas no se les deja propina.

 MONEDA
La unidad monetaria de Colombia es el peso. El cambio oficial con relación al dolar norteamericano es publicado diariamente por el banco de la república y difundido por la prensa, bancos y casas de cambio autorizadas. La mayoría de los hoteles y el comercio aceptan tarjetas internacionales de crédito.

 CAJEROS AUTOMÁTICOS
Existe una red de cajeros disponible las 24 horas. Algunos brindan la posibilidad de seleccionar el idioma inglés. Por su seguridad utilice preferiblemente los cajeros ubicados en los centros comerciales. Los cajeros de calle funcionan hasta las 9:00 ó 10:00 p.m.

 CLIMA
Colombia, al encontrarse ubicada sobre el círculo ecuatorial, no presenta estaciones y goza de todos los climas. La temperatura promedio anual: en Bogotá es de 13.5°C. Hay dos temporadas: la temporada húmeda, de abril a mediados de junio y de mediados de septiembre a finales de diciembre, y temporada seca, de mediados de junio a mediados de septiembre y de mediados de diciembre a finales de marzo.

 CINE Y TEATRO
Cines: En Colombia existen 3 grandes operadores de cine: CINEMARK, CINECOLOMBIA y PROCINAL.
Teatros: Los teatros de la ciudad tienen todo el año programación. Por lo regular sus funciones son en horas de la noche.
Llame al 113 y solicite información sobre las películas y obras de teatro en cartelera. También puede consultar cuál es la sala de cine o teatro más cercana a su hotel.

Bogotá
Hauptstadt von Kolumbien und einer der größten Städte Lateinamerikas: circa 7 Millionen Menschen wohnen dort. Die Stadt liegt in einer Hochebene der Anden, 2640 Meter über dem Meeresspiegel. Bogotá ist sowohl von alten kolonialen Gebäuden als auch von modernen Hochhäusern geprägt.

Asociación Hoteleros de Colombia, texto abreviado

2 Lies den Text und suche folgende Information:

In Bogota haben die Läden an Feiertagen folgende Öffnungszeiten: *von 10:00 a.m. a 7:00 p.m.*

Die Währung von Kolumbien heißt *peso*

In Bogotá regnet es weniger in folgenden Monaten: *Mitte Juni bis Mitte September und Mitte Dezember bis Ende März*

Wenn ich in Bogotá die Telefonnummer 113 anrufe erfahre ich *was ich im Kino und Theater sehen kann*

AUTOCONTROL

1 Completa las frases con la forma correcta del subjuntivo.

1. María duda que Pedro _____ (llegar) temprano a casa.

2. Mis hermanos no han comido. Puede que _____ (tener) hambre.

3. Hace mucho sol. Es imposible que _____ (llover).

4. Nosotros dudamos que Ana y Pepe _____ (volver) hoy de la playa.

5. Puede que Carmen _____ (llamar) hoy.

2 Ana dice algo y tú dices lo contrario. Utiliza no creo que + subjuntivo.

1. Creo que mañana puedo visitar a Marcos.

_____

2. Creo que esa chica se llama Antonia.

_____

3. Creo que mis hermanos tienen que ir al colegio el sábado.

_____

4. Creo que mis plantas necesitan agua.

_____

5. ¡Mario y yo creemos que Josefina es una pesada!

_____

3 Contesta las preguntas con los pronombres de complemento.

1. ¿Tu tía te regaló el póster de Juanes?

Sí,_____.

2. ¿Tienes que entregarle a la profe el texto sobre Colombia?

Sí,_____.

3. ¿Os va a contar papá una leyenda quechua?

No,_____.

4. ¿Le diste ayer a Jaime los libros de Alemán?

No,_____.

5. ¿Vas a contarme que pasó ayer en el instituto?

Sí,_____.

Lösungen
S.88

Tándem Unidad 1

*Con este ejercicio practicas el **pretérito indefinido** y **el pretérito perfecto**.*

Alumno/-a A

A: ¡Hola! Perdona el retraso. Es que antes de salir mi

madre y yo _____ (liarse)

y no _____ (mirar / yo) el reloj.

B: No te preocupes. ¿Qué **ha pasado** con tu madre? **¿Habéis discutido?**

A: Nooo, pero justo antes de salir _____ (tener / yo) que buscar sus gafas porque sin gafas no ve nada.

B: A mi abuelo siempre le pasa lo mismo. Hace unas semanas **fui** a visitarlo al pueblo. El día que **llegué perdió** sus gafas. ¡No te imaginas qué caos!

A: ¿Por qué? ¿Él tampoco ve nada sin gafas?

B: Bueno, no sólo eso. Sin gafas no hay coche. Así que para ir al mercado **caminamos** un día ¡tres kilómetros!

A: Pero tu abuelo es muy majo. Cuando lo _____

(conocer / yo) hace unos meses me _____ (contar / él) un montón de historias.

B: ¡Hombre! ¡Y es que le encanta hablar!

A: Oye, dime una cosa, ¿_____ (hablar / tú) esta mañana con Eduardo? Yo lo

_____ (llamar) temprano, pero nada.

B: Sí, **hablamos** después del desayuno. **Quedamos** a las cinco. Hay una tienda nueva de música en la Gran Vía. ¿Quieres venir?

A: Humm, mejor no. La vez pasada que _____ (ir / yo)

con vosotros, _____ (aburrir) como una ostra. Pero podemos quedar después y tomar algo, ¿vale?

B: ¡Vale!

Alumno/-a B

A: ¡Hola! Perdona el retraso. Es que antes de salir mi madre y yo **nos hemos liado** y no **he mirado** el reloj.

B: No te preocupes. ¿Qué _____ (pasar)

con tu madre? ¿_____ (discutir / vosotros)?

A: Nooo, pero justo antes de salir **he tenido** que buscar sus gafas porque sin gafas no ve nada.

B: A mi abuelo siempre le pasa lo mismo. Hace unas

semanas _____ (ir / yo) a visitarlo al pueblo. El día

que _____ (llegar / yo) _____ (perder / él) sus gafas. ¡No te imaginas qué caos!

A: ¿Por qué? ¿Él tampoco ve nada sin gafas?

B: Bueno, no sólo eso. Sin gafas no hay coche. Así que

para ir al mercado _____ (caminar / nosotros) un día ¡tres kilómetros!

A: Pero tu abuelo es muy majo. Cuando lo **conocí** hace unos meses me **contó** un montón de historias.

B: ¡Hombre! ¡Y es que le encanta hablar!

A: Oye, dime una cosa, ¿**Has hablado** esta mañana con Eduardo? Yo lo **he llamado** temprano, pero nada.

B: Sí, _____ (hablar / nosotros)

después del desayuno. _____ (quedar / nosotros) a las cinco. Hay una tienda nueva de música en la Gran Vía. ¿Quieres venir?

Humm, mejor no. La vez pasada que **fui** con vosotros, me **aburrí** como una ostra. Pero podemos quedar después y tomar algo, ¿vale?

¡Vale!

Tándem Unidad 2

*Tu abuela la actriz. Con este ejercicio practicas el **pretérito indefinido**.*

A: Abuela, ¿es cierto que antes _____ *(ser)* actriz?

B: Sí, es verdad. **Trabajaba** con un grupo de actores y actrices de toda España.

A: Y, ¿dónde _____ *(actuar / vosotros)?* ¿En corrales?

B: No. En mi época ya no **había** corrales. **Actuábamos** en teatros pequeños, **íbamos** a las fiestas de los pueblos …

A: Y tu madre, ¿qué _____ *(decir)?*

B: Humm, mi madre no **estába** muy contenta. Ella **quería** otra cosa para mí.

A: Entonces nunca _____ *(ir)* a verte cuando tú

_____ *(actuar)* …

B: No creas, nunca me **decía** nada, pero siempre **llegaba** tarde y **se sentaba** atrás.

A: Pero, ¿vosotras _____ *(entenderse)* bien?

B: Bueno, no siempre. Pero eso sí, yo la **quería** mucho y ella a mí.

A: _____

B: _____

A: _____

B: _____

A: Abuela, ¿es cierto que antes **eras** actriz?

B: Sí, es verdad. _____ *(trabajar)* con un grupo de actores y actrices de toda España.

A: Y, ¿dónde **actuabais**? ¿En corrales?

B: No. En mi época ya no _____ *(haber)*

corrales. _____ *(actuar / nosotros)*

en teatros pequeños, _____ *(ir / nosotros)* a las fiestas de los pueblos …

A: Y tu madre, ¿qué **decía**?

B: Humm, mi madre no _____ *(estar)*

muy contenta. Ella _____ *(querer)* otra cosa para mí.

A: Entonces nunca **iba** a verte cuando tú **actuabas** …

B: No creas, nunca me _____ *(decir)* nada,

pero siempre _____ *(llegar)* tarde y

_____ *(sentarse)* atrás.

A: Pero, ¿vosotras **os entendíais** bien?

B: Bueno, no siempre. Pero eso sí, yo la _____ *(querer)* mucho y ella a mí.

A: _____

B: _____

A: _____

B: _____

Tándem Unidad 3

*Con este ejercicio practicas el **pretérito indefinido** y el **pretérito imperfecto**.*

Alumno/-a A

A: Oye, Manuel, ayer no _____ *(llevar / tú)* las botellas y el papel para reciclar al contenedor, ¿verdad?

B: No. Ayer **estuve** todo el día en el insti y **llegué** tarde a casa porque **tenía** clases de Mates.

A: Pues cuando mamá _____ *(llegar)* del trabajo,

_____ *(haber)* bolsas por toda la cocina y me

_____ *(echar)* una bronca a mí.

B: ¿Y tú qué **hiciste**? ¿Le **dijiste** algo a mamá?

A: Nooo … La _____ *(escuchar)*. No

_____ *(estar / ella)* para nada contenta.

B: ¿Y luego qué **pasó**? ¿**Llevaste** las bolsas al contenedor?

A: Sí, pero …

B: ¿**Tuviste** algún problema?

A: Sí, _____ *(estar)* lloviendo y además el

contenedor _____ *(estar)* lleno.

_____ *(tener / yo)* que buscar otro contenedor.

B: ¡Qué lata! ¿Por qué no hacemos un trato? Tú ya **hiciste** ayer lo que me **tocaba** a mí. Si tú quieres, yo puedo …

A: _____

B: _____

Alumno/-a B

A: Oye, Manuel, ayer no **llevaste** las botellas y el papel para reciclar al contenedor, ¿verdad?

B: No. Ayer _____ *(estar / yo)* todo el día en el

insti y _____ *(llegar / yo)* tarde a casa porque

_____ *(tener / yo)* clases de Mates.

A: Pues cuando mamá **llegó** del trabajo, **había** bolsas por toda la cocina y me **echó** una bronca a mí.

B: ¿Y tú qué _____ *(hacer)*? ¿Le _____ *(decir)* algo a mamá?

A: Nooo … La **escuché**. No **estaba** para nada contenta.

B: ¿Y luego qué _____ *(pasar)*?

¿_____ *(llevar / tú)* las bolsas al contenedor?

A: Sí, pero …

B: ¿_____ *(tener / tú)* algún problema?

A: Sí, **estaba** lloviendo y además el contenedor **estaba** lleno. **Tuve** que buscar otro contenedor.

B: ¡Qué lata! ¿Por qué no hacemos un trato? Tú ya

_____ *(hacer)* ayer lo que me

_____ *(tocar)* a mí. Si tú quieres, yo puedo …

A: _____

B: _____

Tándem Unidad 4

*Con este ejercicio practicas el **pretérito indefinido** y el **pretérito imperfecto**.*

Alumno/-a A

A: ¡Hola, José! Hace una semana _____ *(volver)* de México, ¿te _____ *(gustar)* el país?

B: ¡Hola! Pues México me **gustó** muchísimo.

A: Allí _____ *(hacer)* un reportaje sobre los jóvenes mexicanos, ¿no?

B: Sí, un sábado por la tarde **fui** al Zócalo, la plaza más importante de la capital.

A: ¿Puedes decirnos cómo _____ *(ser)* el ambiente¹ de la plaza?

                                      1 el ambiente: *die Atmosphäre*

B: Pues, **había** muchísima gente en la plaza, turistas, vendedores … Como **quería** observar todo, **busqué** un sitio tranquilo para sentarme.

A: ¿Y qué _____ *(hacer)* mientras _____ *(estar)* allí? ¿_____ *(hablar)* con los jóvenes que _____ *(estar)* en la plaza?

B: Sí, primero **conocí** a Jacinta, una chica que **vendía** artesanías.

A: ¿Y le _____ *(comprar)* algo?

B: Sí, **compré** una figura de un coyote.

A: Me imagino que además _____ *(conocer)* a otros chicos. ¿Qué cosas te _____ *(contar)*?

B: Bueno, Alexandra y su hermano me **explicaron** lo que es una fiesta de quince años y Fernando me **contó** un poco sobre el béisbol, un deporte muy popular en su ciudad, Monterrey.

A: _____

B: _____

Alumno/-a B

A: ¡Hola, José! Hace una semana **volviste** de México, ¿te **gustó** el país?

B: ¡Hola! Pues México me _____ *(gustar)* muchísimo.

A: Allí **hiciste** un reportaje sobre los jóvenes mexicanos, ¿no?

B: Sí, un sábado por la tarde _____ *(ir)* al Zócalo, la plaza más importante de la capital.

A: ¿Puedes describir cómo **era** el ambiente de la plaza?

B: Pues, _____ *(haber)* muchísima gente en la plaza, turistas, vendedores … Como _____ *(querer)* observar todo, _____ *(buscar)* un sitio tranquilo para sentarme.

A: ¿Y qué **hiciste** mientras **estabas** allí? ¿**Hablaste** con los jóvenes que **estaban** en la plaza?

B: Sí, primero _____ *(conocer)* a Jacinta, una chica que _____ *(vender)* artesanías.

A: ¿Y le **compraste** algo?

B: Sí, _____ *(comprar)* una figura de un coyote.

A: Me imagino que además **conociste** a otros chicos. ¿Qué cosas te **contaron**?

B: Bueno, Alexandra y su hermano me _____ *(explicar)* qué es una fiesta de quince años y Fernando me _____ *(contar)* un poco sobre el béisbol.

A: _____

B: _____

Tándem Unidad 5

*Con este ejercicio practicas el **pretérito indefinido** y **pretérito pluscuamperfecto**.*

Alumno/-a A

Tú quieres usar el ordenador, pero tu hermano/-a lo está usando. Habla con él / ella.

A: Oye, …, hace dos horas _____ (*ponerse* / tú) a navegar. ¡Déjame usar el ordenador a mí también!

B: Espera un momento, es que ayer Anne me **mandó** unas fotos y los archivos son muy grandes.

A: Anne es la chica de tu clase que el año pasado

_____ (*irse*) con sus padres a Argentina, ¿verdad?

B: Sí, es muy maja y además, conoce muchos países. Cuando **vino** hace dos años a España ya **había vivido** en Portugal y en Francia. ¡Qué guay!, ¿verdad?

A: Sí, pero me imagino que cuando _____ (*irse* /

ella) a Argentina, ya _____ (*conocer*) a mucha gente aquí en Madrid y me parece triste.

B: Sí es cierto, pero ella chatea con todo el mundo, nos manda fotos … Mira lo que **escribió** ayer en su blog …

A: ¡Escribe en tres idiomas! ¿Cuando ella _____

(*llegar*) a tu instituto, ya _____ (*aprender*) español?

B: No, para nada. **Aprendió** a hablar con nosotros.

A: Seguro que es una chica inteligente. Por cierto, ¿cuándo me vas a dejar el ordenador?

B: _____

A: _____

B: _____

A: _____

Alumno/-a B

Estás navegando en internet, pero tu hermano/-a quiere usar el ordenador. Habla con él / ella.

A: Oye, …, hace dos horas **te pusiste** a navegar. ¡Déjame usar el ordenador a mí también!

B: Espera un momento, es que ayer Anne me _____ (*mandar*) unas fotos y los archivos son muy grandes.

A: Anne es la chica de tu clase que el año pasado **se fue** con sus padres a Argentina, ¿verdad?

B: Sí, es muy maja y además, conoce muchos países.

Cuando _____ (*venir* / ella) hace dos años a

España ya _____ (*vivir*) en Portugal y en Francia. ¡Qué guay!, ¿verdad?

A: Sí, pero me imagino que cuando **se fue** a Argentina, ya **había conocido** a mucha gente aquí en Madrid y me parece triste.

B: Sí es cierto, pero ella chatea con todo el mundo, nos

envía fotos … Mira lo que _____ (*escribir* / ella) ayer en su blog …

A: ¡Escribe en tres idiomas! ¿Cuando ella **llegó** a tu instituto, ya **había aprendido** español?

B: No, para nada. _____ (*aprender*) a hablar con nosotros.

A: Seguro que es una chica inteligente. Por cierto, ¿cuándo me vas a dejar el ordenador?

B: _____

A: _____

B: _____

A: _____

Tándem Unidad 6

*Con este ejercicio practicas el **subjuntivo**.*

Alumno/-a A

Estás preparando tus maletas porque vas dos semanas a Alemania con tu instituto. Un amigo/-a va tu casa a visitarte.

A: ¡Hola, _____! Pasa, pasa, estoy preparando mi maleta. Mañana nos vamos a Alemania.

B: ¡Qué suerte tienes! Espero que **tengas** internet en casa. Yo me voy a conectar mañana por la noche para que me **cuentes** todo.

A: ¡Y si no hay, voy a un cibercafé! ¡Hombre, mi familia me tiene de los nervios! Mi madre me ha dado dinero para

que le _____ (*comprar*/yo) mazapán[1], según ella, en Alemania es buenísimo; y mi abuelo me ha

dado una guía viejísima para que _____ (*visitar*/yo) los lugares que él conoció cuando fue a Alemania hace millones de años …

1 el mazapán *das Marzipan*

B: ¡¿De qué te quejas?! Mira el montón de regalos que te han dado: un reloj para que **llegues** siempre a la hora correcta, una cámara para que **tomes** fotos …

A: Sí, pero también creen que soy un/a niño/-a

pequeño/-a. Les da miedo que _____

(*perderse*/yo) y esperan que no me _____ (*separar*/yo) nunca de mi móvil …

B: Sí, pero al menos te dejan ir … Además, sólo esperan que los **llames** a veces …

A: ¿Por qué los defiendes? Yo soy el/la que está estresado/-a[2] … Me da miedo que los alemanes

_____ (*hablar*) muy rápido y que no me

_____ (*entender*/ellos) nada …

2 estresado/-a *gestresst*

B: No te preocupes, …

A: _____

B: _____

Alumno/-a B

Tu mejor amigo/-a se va dos semanas a Alemania. Lo/La vas a visitar un día antes del viaje.

A: ¡Hola, _____! Pasa, pasa, estoy preparando mi maleta. Mañana nos vamos a Alemania.

B: ¡Qué suerte tienes! Espero que _____ (*tener*/tú) internet en casa. Yo me voy a conectar mañana por la

noche para que me _____ (*contar*/tú) todo.

A: ¡Y si no hay, voy a un cibercafé! ¡Hombre, mi familia me tiene de los nervios! Mi madre me ha dado dinero para que le **compre** mazapán[1], según ella, en Alemania es buenísimo; y mi abuelo me ha dado una guía viejísima para que **visite** los lugares que él conoció cuando fue a Alemania hace millones de años …

1 el mazapán *das Marzipan*

B: ¡¿De qué te quejas?! Mira el montón de regalos que te

han dado: un reloj para que _____ (*llegar*/tú) siempre a la hora correcta, una cámara para que

_____ (*tomar*/tú) fotos …

A: Sí, pero también creen que soy un/a niño/-a pequeño/-a. Les da miedo que **me pierda** y esperan que no me **separe** nunca de mi móvil …

B: Sí, pero al menos te dejan ir … Además, sólo esperan

que los _____ (*llamar*/tú) a veces …

A: ¿Por qué los defiendes? Yo soy el/la que está estresado/-a[2] … Me da miedo que los alemanes **hablen** muy rápido y que no me **entiendan** nada …

2 estresado/-a *gestresst*

B: No te preocupes, …

A: _____

B: _____

Tándem Unidad 7

*Con este ejercicio practicas el **subjuntivo**.*

<table>
<tr><td>

Alumno/-a A

A: ¿Has oído la última noticia? Van a cerrar el centro para jóvenes. Es que a los vecinos les molesta que

_____ (*hacer* / nosotros) ruido por las noches.

B: ¿Quéee? Me fastidia que **cierren** el centro antes de hablar con nosotros.

A: Todos dicen que es necesario que _____ *(hay)* sitios para los chicos …

B: Tenemos que hacer algo porque no es justo que nos **hagan** esto.

A: Sí, es necesario que los otros chicos **sepan** lo que está pasando …

B: ¡Vale!, pero no llamemos a _____.

A él / ella le aburre que lo _____ (*llamar* / nosotros) para estas cosas.

A: Tienes razón, no a todos les molesta que **pasen** cosas así.

B: Además, es necesario que **nos encontremos** pronto.

B: ¡Vale! Y si no te molesta que _____ (*venir*) chicos del instituto, les voy a decir también.

B: ¡Vale! ¡Hasta mañana!

A: ¡Hasta mañana!

</td><td>

Alumno/-a B

A: ¿Has oído la última noticia? Van a cerrar el centro para jóvenes. Es que a los vecinos les molesta que **hagamos** ruido por las noches.

B: ¿Quéeee? Me fastidia que _____ (*cerrar* / ellos) antes de hablar con nosotros.

A: Todos dicen que es necesario que **haya** sitios para los chicos …

B: Tenemos que hacer algo porque no es justo que nos

_____ (*hacer* / ellos) esto.

A: Sí, es necesario que los otros chicos _____ *(saber)* lo que está pasando …

B: ¡Vale!, pero no llamemos a _____.
A él / ella le aburre que lo **llamemos** para estas cosas.

A: Tienes razón, no a todos les molesta que

_____ *(pasar)* cosas así.

B: Además, es necesario que _____

_____ (*encontrarse* / nosotros) pronto.

B: ¡Vale! Y si no te molesta que **vengan** chicos del instituto, les voy a decir también.

B: ¡Vale! ¡Hasta mañana!

A: ¡Hasta mañana!

</td></tr>
</table>

Tándem Unidad 8

Con este ejercicio practicas el *subjuntivo*.

Alumno/-a A

Tú quieres que tu amigo/-a se apunte en el coro[1] contigo.

1 el coro *Chor*

A: Hola, _____. ¿Sabías que el profe de música

quiere que _____ (*cantar*/tú) en nuestro coro?

B: Sí, ya ma lo ha dicho. Pero dudo que lo **pueda** hacer. Es que yo no canto muy bien.

A: ¡Qué dices! Tú cantas muy bien. Pero claro, es necesario

que _____ (*venir*/tú) a los ensayos[2].

2 el ensayo *die Probe*

B: Pero tú sabes que después del instituto hago millones de cosas. Es casi imposible que **tenga** tiempo para algo más.

A: Sí, es cierto. Pero a ti te gusta tanto cantar … Dudo que

_____ (*volver*/tú) a tener una oportunidad así.

B: Hum, a mí también me gustaría … Pero el profe además quiere que **aprenda** a leer las notas[3] …

3 leer las notas *die Noten lesen (Musik)*

A: No te preocupes, yo te ayudo. Para cantar es

importante que _____ (*saber*/tú) leer las notas, pero no es difícil.

B: Humm, pero ¿sabes qué? Mis padres quieren que me **apunte** en el club de teatro.

A: Pero si les dice que tú quieres estar en el coro, dudo

que te _____ (*decir*/ellos) que no.

B: Puede ser, pero … la verdad es que quiero apuntarme en el club de teatro porque puede que

_____ también **se apunte**.

A: Ahh, ahora entiendo. ¡Quieres apuntarte en el club de

teatro porque _____ también va a estar allí! …

Alumno/-a B

Tú no estás seguro/-a si quieres estar en el coro[1].

1 el coro *Chor*

A: Hola, _____. ¿Sabías que el profe de música quiere que **cantes** en nuestro coro?

B: Sí, ya ma lo ha dicho. Pero dudo que lo _____ (*poder*/yo) hacer. Es que yo no canto muy bien.

A: ¡Qué dices! Tú cantas muy bien. Pero claro, es necesario que **vengas** a los ensayos[2].

2 el ensayo *die Probe*

B: Pero tú sabes que después del instituto hago millones

de cosas. Es casi imposible que _____ (*tener*/yo) tiempo para algo más.

A: Sí, es cierto. Pero a ti te gusta tanto cantar … Dudo que **vuelvas** a tener una oportunidad así.

B: Hum, a mí también me gustaría … Pero el profe

además quiere que _____ (*aprender*/yo) a leer las notas[3] …

3 leer las notas *die Noten lesen (Musik)*

A: No te preocupes, yo te ayudo. Para cantar es importante que **sepas** leer las notas, pero no es difícil.

B: Humm, pero ¿sabes qué? Mis padres quieren que

_____ (*apuntarse*/yo) en el club de teatro.

A: Pero si les dice que tú quieres estar en el coro, dudo que te **digan** que no.

B: Puede ser, pero … la verdad es que quiero apuntarme en el club de teatro porque puede que

_____ también _____ (*apuntarse*/él, ella).

A: Ahh, ahora entiendo. ¡Quieres apuntarte en el club de

teatro porque _____ también va a estar allí! …

JUGAR UN PAPEL | EINE ROLLE SPIELEN

Alumno/-a A

Unidad 1, ejercicio 12, p. 8

Die Ferien sind vorbei und du unterhältst dich mit deinem/-r Freund/in über die nächsten Ferien.

1. Du begrüßt deinen Partner / deine Partnerin und fragst ihn / sie, wann er / sie aus den Ferien zurückgekommen ist.
2. Du erwiderst, dass er / sie Glück gehabt hat. Du hast die ganzen Ferien in Madrid verbracht und du hast dich zu Tode gelangweilt.
3. Du antwortest, dass es wahr ist, dass du dich in Madrid prächtig amüsierst, aber nur wenn deine Freunde in der Stadt sind. Aber diese Ferien hast du allein verbracht.
4. Du fragst, ob es in einem Landhaus nicht zu langweilig ist und was man dort machen kann.
5. Du sagst, dass es lustig sein kann, und dass du deine Eltern fragen wirst, ob du darfst. Ok?

Unidad 2, ejercicio 5, p. 12

Du möchtest an einem Metroschalter in Madrid eine Fahrkarte kaufen.

1. Du begrüßt die Person, die am Metroschalter arbeitet und fragst, was ein Fahrschein von Alonso Martínez (eine U-Bahnhaltestelle) nach Sol kostet.
2. Du kaufst eine Zehnerkarte, weil du sowieso noch öfter Metro fahren wirst. Du fragst bei der Gelegenheit, wie du von Alonso Martínez nach Sol kommst.
3. Du fragst gleich auch mal, wie du von der Plaza del Sol zur Casa de Campo kommst. Du möchtest dir nämlich gerne den Park anschauen.
4. Du bedankst dich und verabschiedest dich.

Unidad 3, ejercicio 6, p. 25

Du suchst dein Lieblingsheft.

1. Du gehst zu deinem/r Bruder / Schwester und fragst ihn / sie, ob er / sie dein rotes Heft gesehen hat.
2. Du sagst, dass es das Heft ist, das du vor zwei Monaten auf dem Markt gekauft hast.
3. Du wunderst dich und fragst, wie er / sie wissen kann, was du in deinem Heft schreibst. Es ist DEIN Heft!
4. Du fragst, was er / sie mit deinem Heft gemacht hat.
5. Du sagst, dass, wenn er / sie dir dein Heft nicht zurückgibt, du euren Eltern sagen wirst, dass er / sie gestern zu spät gekommen ist.
6. Du bist erleichtert und sagst ihm / ihr, dass er / sie deine Sachen in Ruhe lassen soll.

Unidad 4, ejercicio 11, p. 33

Dein Freund / deine Freundin war in Mexiko. Du stellst ihm / ihr Fragen.

1. Du begrüßt deinen Freund / deine Freundin und fragst ihn / sie wie es in Mexiko war und wo er / sie war.
2. Du verstehst nicht, was D.F. bedeutet und fragst nach.
3. Du fragst ihn / sie nach dem Wetter.
4. Du fragst, wie das Essen in Mexiko ist.
5. Du willst wissen, was seiner / ihrer Meinung nach das leckerste ist.
6. Du sagst, dass das bestimmt sehr lecker ist. Dann fragst du, was er / sie alles in D.F. in den zwei Wochen gesehen hat.

Alumno/-a B

Unidad 2, ejercicio 5, p. 12

Du arbeitest an einem Metroschalter in Madrid und beantwortest die Fragen der Kunden. Betrachte den Metroplan im Schülerbuch, Seite 35. Dein/e Partner/in beginnt.

1. Du sagst, dass für die Zone A ein Ticket 1,90 € kostet, aber dass eine Zehnerkarte billiger ist.
2. Du schaust auf den Metroplan und erklärst, wie der Kunde/die Kundin nach Sol kommt.
3. Du schaust noch einmal auf den Metroplan und erklärst ihr/ihm, wie sie/er zur Casa de Campo kommt.
4. Du verabschiedest dich.

Unidad 1, ejercicio 12, p. 8

Die Ferien sind vorbei und du unterhältst dich mit deinem/-r Freund/in über di e nächsten Ferien. Dein/e Partner/in beginnt.

1. Du sagst hallo und erzählst, dass du heute morgen von eurem Landhaus zurück gekommen bist und dass du dich dort köstlich amüsiert hast.
2. Du wunderst dich, weil er/sie sich immer in Madrid prächtig amüsiert.
3. Du sagst, dass er/sie recht hat, dass es sehr langweilig ist so viel Zeit zu haben, wenn deine Freunde nicht da sind. Du sagst, dass du eine Idee hast: In den nächsten Ferien kann er/sie mit deiner Familie und dir zu eurem Landhaus mitkommen.
4. Du sagst, dass es dort einen Haufen Sachen zu tun gibt. Und dass jeden Abend deine Schwester und du mit dem Fahrrad zum Dorf fahren, um euch auf dem Platz mit den anderen Jugendlichen zu treffen.
5. Ok!

Unidad 4, ejercicio 11, p. 33

Du warst drei Wochen in Mexiko, wo eine Tante von dir lebt. Erzähle deinem spanischen Freund/deiner spanischen Freundin wie es war.

1. Du begrüßt deinen Freund/deine Freundin und sagst, dass es super in Mexiko war. Du erklärst, dass die Schwester deiner Mutter in D. F. wohnt und ihr zwei Wochen dort wart.
2. Du erklärst, was mit D. F. gemeint ist.
3. Du sagst, dass es in D. F. im Dezember nachts auch mal ziemlich kalt ist.
4. Du erklärst, was die Leute in Mexiko oft essen.
5. Du sagst, dass deine Tante sehr gut kocht und dass ihr immer sehr gut gegessen habt. Das Leckerste sind deiner Meinung nach „Enchiladas". Das sind Tortillas mit Käse und Fleisch.
6. Du antwortest deinem Freund/deiner Freundin. (Wenn dir nichts auf die Frage einfällt, schau nochmal in deinem Buch S. 50/51 und im Pequeño diccionario S. 149–151 nach.)

Unidad 3, ejercicio 6, p. 25

Du bist der/die Bruder/Schwester. Dein/e Partner/in beginnt.

1. Du fragst, welches rote Heft.
2. Du sagst, dass du jetzt weißt, welches es ist: Jenes, wo sie immer alles Mögliche über sich schreibt.
3. Du sagst, dass es nicht absichtlich war. Gestern hat er/sie das Heft offen auf dem Tisch gelassen.
4. Du erwiderst, dass du es nicht genommen hast und dass du nicht weißt, wo es jetzt ist.
5. Du sagst, dass du es nicht hast, aber dass du glaubst, dass es unter dem Sofa im Wohnzimmer ist.

JUGAR UN PAPEL | EINE ROLLE SPIELEN

Alumno/-a A

Unidad 5, ejercicio 4, p. 38

Du bist die Mutter / der Vater.

1. Dein/e Tochter / Sohn surft bereits seit 3 Stunden im Internet und hat noch nicht ihre / seine Hausaufgaben gemacht. Damit bist Du nicht einverstanden.
2. Du sagst, dass echte Freunde wichtiger sind als virtuelle Freunde und dass er / sie sich lieber mit Freunden treffen soll.
3. Du erklärst, warum es nicht gut ist, wenn man nur vor dem Computer sitzt.
4. Du findest das frech und sagst, dass es etwas ganz anderes ist, wenn man mit dem Computer arbeitet, als wenn man nur chattet oder herumsurft. Du schlägst vor, dass deine Tochter / dein Sohn nur 1 Stunde am Tag vor dem Computer verbringt und den Rest Hausaufgaben macht und sich mit richtigen Freunden trifft.
5. Du erlaubst ihr / ihm ausnahmsweise 2 Stunden pro Tag am Wochenende und sagst, dass sie / er jetzt eine/n Freund/in anrufen soll.

Unidad 6, ejercicio 4, p. 44

In deiner Schule ist eine spanische Klasse zu Besuch. Ein/e Austauschschüler/in setzt sich neben dich.

1. Ein/e spanischer/e Schüler/in sitzt neben dir. Du stellst dich vor.
2. Bald ist die Mittagspause. Du schlägst ihm / ihr vor, mit dir und deinen Freunden in die Cafeteria der Schule zu gehen.
3. Du erklärst, dass man in Deutschland früher als in Spanien isst.
4. Du erklärst, was du normalerweise in der Schule zu Mittag isst.
5. Du sagst, was du und deine Freunde normalerweise nach der Schule machen.
6. Du findest die Idee super!

Unidad 7, ejercicio 6, p. 55

Du erzählst deinem Freund / deiner Freundin Neuigkeiten zur Schule.

1. Du erzählst deinem Freund / deiner Freundin, dass es ab nächstem Jahr in der Schule keinen Musikunterricht geben wird.
2. Auch du magst den Musikunterricht und hoffst, dass ihr etwas machen könnt, aber was?
3. Du weißt nicht, was ihr ihm sagen könnt. Du hast aber eine Idee: Euch mit anderen Schülern zu treffen, damit ihr zusammen Argumente für den Musikunterricht überlegt.
4. Du hoffst, dass der Schuldirektor eure Argumente anhören wird.

Unidad 8, ejercicio 4, p. 63

Du bist der Sohn / die Tochter, der / die gerne allein nach Lateinamerika fahren möchte.

1. Du erzählst deiner Mutter / deinem Vater, dass du in der Schule sehr viel über Fairtrade gelernt hast und berichtest ein paar Sachen darüber.
2. Nachdem du das Interesse deines Vaters / deiner Mutter für Fairtrade geweckt hast, sagst du, dass du nach Südamerika fahren möchtest, um mehr über Fairtrade-Plantagen zu erfahren.
3. Du entgegnest, dass du sicher bist, dass die Reise ungefährlich ist, wenn du mit einer Organisation fährst.
4. Du glaubst nicht, dass mit einem Reiseleiter Probleme gibt.
5. Dir gefällt es nicht, dass deine Eltern immer Probleme in Allem sehen.
6. Du findest das eine gute Idee und bedankst dich.

JUGAR UN PAPEL | EINE ROLLE SPIELEN

Alumno/-a B

Unidad 6, ejercicio 4, p. 44

Du bist ein/e spanischer/e Austauschschüler/in und besuchst eine Klasse an einer deutschen Schule.

1. Du stellst dich auch vor.
2. Du bist überrascht und erklärst, dass man in Spanien später isst.

12:20

3. Du willst mitkommen. Dann fragst du nach, was man in Deutschland normaler- weise isst.
4. Du findest das toll. Du willst etwas nach der Schule unternehmen und fragst, was man dort machen kann.
5. Du machst einen Plan mit dem/r deutschen Schüler/in und verabredest dich mit ihm/ihr.

Unidad 5, ejercicio 4, p. 38

Du bist die Tochter/der Sohn.

1. Du antwortest deiner Mutter/deinem Vater, dass Du nur wenig Hausaufgaben aufhast und dass Du wichtige Sachen mit deinen virtuellen Freunden im Internet zu besprechen hast.
2. Du sagst, dass deine Mutter/dein Vater das nicht versteht … im Internet kann man unter falschem Namen viel ehrlicher sein, als mit seinen richtigen Freunden.
3. Du erwiderst, dass er/sie bei der Arbeit ja auch nur vor dem Computer sitzt und das ist genauso ungesund.
4. Du bist mit dem Vorschlag deiner Mutter/ deines Vaters nicht ganz einverstanden, denn Du findest eine Stunde am Tag viel zu wenig. Du willigst aber ein und fragst, ob Du wenigs- tens am Wochenende mehr surfen darfst.
5. Du bist einverstanden, aber sagst, dass der Computer heutzutage ganz wichtig sei für die Kommunikation!

Unidad 8, ejercicio 4, p. 63

Du bist die Mutter/der Vater

2. Du bist sehr positiv davon überrascht, was alles deine Tochter/dein Sohn in der Schule lernt.
4. Du zweifelst, dass eine solche weite Reise das Richtige ist … Außerdem ist dein Sohn/deine Tochter noch ziemlich jung.
4. Du sagst, dass es immer möglich sein kann, dass etwas passiert. Und dann ist Südamerika so weit weg …
6. Du antwortest, dass sein kann, dass dein(e) Sohn/Tochter krank wird. Bei solchen Reisen passiert es oft.
8. Du entschuldigst dich und als ein Anfang schlägst du vor, Kaffee, Bananen und Schokolade aus dem Fairtrade zu kaufen.

Unidad 7, ejercicio 6, p. 55

Du hörst interessiert zu, was dein Freund/deine Freun- din dir erzählt.

1. Du kannst es nicht glauben und du äußerst dich traurig, weil du den Musikunterricht sehr magst. Du schlägst vor, etwas zu machen.
2. Du hast die Idee: dass ihr zum Schul- direktor[1] geht und mit ihm darüber redet.
3. Du findest es eine gute Idee. Viele mögen den Musikunterricht.
4. Du bist sicher, dass er euch zuhören wird. Und du verabredest dich mit ihr/ihm in der Mittagspause, um darüber zu reden.

1 Der Schuldirektor *el director*

LÖSUNGEN

Unidad 1 (Autocontrol, S. 10/11)

1
1. naturaleza
2. chalé
3. cuesta
4. cotilleo
5. sierra
6. fogata
7. siesta
8. ostras
9. bomberos
10. granja

2
1. Miguel **está comiendo** un helado.
2. El abuelo **está leyendo** el periódico.
3. La familia de Ana **va a ir** de vacaciones.
4. Andrés y Oldemar **están haciendo** un examen.
5. Tania **acaba de cruzar** la calle.
6. Nosotros **acabamos de limpiar** la habitación.

3
1. en las que
2. con el que
3. por la que
4. con los que
5. donde / en el que
6. con la que

4
1. Me lo paso bomba.
2. Me aburro como una ostra.
3. Eso a mí no me va nada.
4. Mola mogollón. / Es una pasada.

5
1. ha estado
2. se ha quedado / ha tenido que
3. han dado
4. han pasado

6
1. estuvo / Volvió
2. fue / vio
3. leyó / jugó
4. caminó / comió

7
1. he estudiado
2. llamó
3. ha recibido
4. han ido
5. visitó
6. hemos quedado

Unidad 2 (Autocontrol, S. 19/20)

1
1. el rascacielos
2. el vendedor
3. la estación de trenes
4. el tren
5. la postal
6. el cubo
7. el músico
8. el cuadro
9. el uniforme
10. el teleférico
11. la muralla

2
1. 46 661 950
2. 3 718
3. 1 008
4. 19
5. 8 202 220
6. 71 448

Wenn du Schwierigkeiten hattest:

Schau dir nochmal die Vokabeln im **Vokabelverzeichnis** (**Libro**, S. 162) an. Wiederhole regelmäßig die Vokabeln.

Wiederhole nochmals die Bildung der Verlaufsform, des futuro compuesto und der Wendung **acabar de** + infinitivo. Mit **estar** + gerundio beschreibst du, was gerade im Verlauf ist, was eine Person gerade tut. Mit **acabar** + infinitivo kannst du ausdrücken, was jemand gerade getan hat. Mit **ir** + **a** + infinitivo beschreibst du, was jemand gleich tun wird.
Schau dir dazu im **Resumen de Gramática** auf Seite 21 den Punkt 4 an. Schaue dir auch nochmal die Übung 4 auf S. 2 in diesem **Cuaderno** an

Schau dir die Relativpronomen mit Präpositionen nochmal im **Libro** (S. 21) den Punkt 3.1 an. Wiederhole außerdem in diesem **Cuaderno** die Übungen 9 und 10 auf Seite 7.

Diese spanischen Redewendungen musst du auswendig lernen, um sie in entsprechender Situation korrekt anwenden zu können. Schau dir im **Vokabelverzeichnis** (**Libro**, S. 164) die Rubrik **Para comunicarse** an.

Wiederhole die Formen des pretérito perfecto, die du bereits in der Unidad 3 von Band 2 von Apúntate kennengelernt hast. Du findest sie in den Konjugationstabellen im **Libro** (S. 145). Beachte vorallem auch die unregelmäßigen Partizipien wie **ver → visto**, **hacer → hecho, escribir → escrito, abrir → abierto, poner → puesto, leer → leído**!

Schaue dir die Bildung der Verben im pretérito indefinido nochmal an. Du findest sie in den Konjugationstabellen im **Libro** (S. 145). Beachte vorallem die unregelmäßigen Formen.

Wiederhole nochmals den Unterschied zwischen pretérito indefinido und pretérito perfecto. Die Signalwörter helfen dir dabei, die richtige Vergangenheitszeit anzuwenden. Lerne die Signalwörter für das pretérito indefinido (**el año pasado, ayer,** etc.) und das pretérito perfecto (**hoy, ya,** etc.) am besten auswendig.

Wenn du Schwierigkeiten hattest:

Schau dir noch einmal die Vokabeln im **Vokabelverzeichnis** im **Libro** (S. 165) sowie den Text, (S. 24/25) an. Es hilft, sich die Vokabeln laut vorzusagen und sie gleichzeitig zu schreiben. Dann kannst du dir den Wortschatz besser merken!

Schau dir nochmal die Zahlwörter im **Anexo** auf Seite 140 im Schülerbuch an. Es hilft, wenn du dir die Zahlen laut vorsagst und sie gleichzeitig auch mal in Worten schreibst. Dann kannst du dir die Zahlwörter besser merken!

3 **Trabajar:** trabajaba, trabajabas, trabajaba, trabajabais, trabajaban
Vivir: vivías, vivía, vivíamos, vivíais
Ir: iba, iba, íbamos, iban
Ser: era, eras, era, éramos, erais
Ver: veía, veíamos, veíais, veían

4 1. **Iba** al cole con su amiga Patricia.
2. **Era** buena alumna.
3. **Hacía** muchas preguntas a sus padres.
4. No **ordenaba** nunca su habitación.
5. **Estaba** siempre con sus primos.
6. Casi nunca **veía** la tele.
7. **Pasaba** las vacaciones con sus abuelos en Bembibre.

5
1. era	4. veía
2. iba	5. íbamos
3. jugaba	6. eran

6 1. ¿Cuánto cuesta un billete?
2. Mira, alguien se está colando.
3. ¿Sabes cómo puedo ir a la Plaza Mayor?

Unidad 3 (Autocontrol, S. 28)

1 1. contenedor
2. lavavajillas
3. dar la patita
4. mover ni un dedo
5. hacer payasadas

2 1. demasiadas
2. demasiados / demasiada / demasiados
3. demasiados
4. demasiadas
5. demasiadas

3 1. visitó / llegó
2. estaba / fue
3. avisó / estaba / quería
4. tenía
5. levanté / fui / estaba
6. Era / hacía
7. duché / vestí / salimos
8. volvimos

Wiederhole nochmals die Bildung des preterito imperfecto. Schau dir dazu im **Resumen de Gramática** auf Seite 34 die Punkte 2.1 und 2.2 an und lerne vorallem die unregelmäßigen Formen von **ser**, **ir** und **ver** auswendig. Wiederhole die Übungen 4, 5 und 6 auf S.14 und 15 im **Cuaderno**.

Wiederhole nochmals die Bildung des preterito imperfecto. Schau dir dazu im **Resumen de Gramática** auf Seite 34 die Punkte 2.1 und 2.2 an und lerne vorallem die unregelmäßigen Formen von **ser**, **ir** und **ver** auswendig. Wiederhole die Übungen 4, 5 und 6 auf S.14 und 15 im **Cuaderno**.

Wiederhole nochmals die Bildung des pretérito imperfecto. Schau dir im **Resumen de Gramática** auf Seite 34 die Punkte 2.1 und 2.2 an.

Schau dir im **Vokabelverzeichnis** (**Libro**, S.169) die Rubrik **Para comunicarse** an. Du kannst außerdem den Text auf S.24/25 im **Libro** durchlesen. Um dir die Redemittel besser merken zu können, stell dir konkrete Situationen vor, in denen du die Sätze verwenden kannst.

Wenn du Schwierigkeiten hattest:

Schau dir noch einmal die Vokabeln im **Vokabelverzeichnis** (**Libro** S.169) an und lerne diese am besten im Kontext, also in einem Satz, auswendig. Dann kannst du sie dir besser merken.

Der Begleiter **demasiado/-a** muss in Genus und Numerus an das Bezugswort angeglichen werden. Unterstreiche dir zuerst das Wort, auf das sich der Begleiter bezieht und entscheide dich erst dann für die korrekte Endung, also **maskulin** oder **feminin** und Singular oder Plural. Schaue dir dazu auch nochmal im **Resumen de Gramática** auf Seite 47 den Punkt 2 und im **Grammatikheft** die Seite 11 an.

Wenn du Probleme bei der Bildung der Formen hattest, so schaue dir nochmal die Konjugationstabellen für das **pretérito indefinido** und das **prétérito imperfecto** im **Libro** (S.145) und im **Grammatikheft** (S.10) an und lerne die Formen, vor allem der unregelmässigen Verben, auswendig.
Wenn du Schwierigkeiten hattest, dich für entweder das **pretérito indefinido** oder das **pretérito imperfecto** zu entscheiden, merke dir, dass ersteres immer eine **Aktion** beschreibt und letzteres immer eine **Hintergrundhandlung**. Bevor du die Verbform einsetzt, überlege dir gut, was der jeweilige Satz ausdrückt, unterstreiche die Sätze, die eine **Aktion** ausdrücken in **grün** und die, die eine **Hintergrundhandlung** ausdrücken in **orange** und setzte dann erst das Verb ein. Das Verb musst du natürlich auch an die Person anpassen. Du kannst dies im **Libro** (S.47, Punkt 1) und im **Grammatikheft** (S.10) nachlesen. Schaue dir auch nochmal die Übungen auf S.23–25 in diesem **Cuaderno** an und präge dir die Signalwörter für den jeweiligen Tempus ein.

4
1. ¡Es una faena!
2. ¡Es un lío!
3. ¿Por qué tienes esa cara?
4. ¡No es justo!
5. ¡Vas a perder la cabeza!

Diese spanischen Redewendungen musst du auswendig lernen, um sie in entsprechender Situation korrekt anwenden zu können. Schau dir im **Vokabelverzeichnis** (**Libro**, S. 169) die Rubrik **Para comunicarse** an.

Unidad 4 (Autocontrol, S. 36)

1
1. el autobús
2. muy temprano
3. charlar
4. pues
5. una cafetería

Wenn du Schwierigkeiten hattest:

Schau dir den Texto A (**Libro**, S. 53) nochmals an. Im Infokasten findest du die spanische Bedeutung für einige mexikanische Ausdrücke. Auch die **Vokabelverzeichnis** (**Libro**, S. 172) kann dir weiterhelfen.

2
1. Cuando
2. Mientras
3. Como
4. Mientras
5. Como
6. Cuando

Wenn du Schwierigkeiten hattest, dich für entweder das **pretérito indefinido** oder das **pretérito imperfecto** zu entscheiden, lies die Verwendung der beiden Vergangenheitszeiten im Satzgefüge nochmals im **Resumen de Gramática** (**Libro**, S. 59, Punkt 1) nach. Schaue dir auch nochmal die Übungen 5–8 (S. 31/32) in diesem **Cuaderno** an.

3
1. hacía/fuimos
2. estábamos/empezó
3. era/salimos
4. entramos
5. comíamos
6. hablamos
7. estaba/pedimos
8. dejó/nos fuimos
9. era

Wenn du Probleme bei der Bildung der Formen hattest, so schaue dir nochmal die Konjugationstabellen für das **pretérito indefinido** und das **pretérito imperfecto** im **Libro** (S. 145) und im **Grammatikheft** (S. 8/9) an und lerne die Formen, vor allem der unregelmäßigen Verben, auswendig.
Wenn du Schwierigkeiten hattest, dich entweder für das **pretérito indefinido** oder das **pretérito imperfecto** zu entscheiden, lies die Verwendung der beiden Vergangenheitszeiten im Satzgefüge nochmals im **Resumen de Gramática** (**Libro**, S. 59, Punkt 1) und im **Grammatikheft** (S. 14) nach. Schaue dir auch nochmal die Übungen 5–8 (S. 31/32) in diesem **Cuaderno** an.

4
1. El tema de mi presentación es Guatemala. He elegido este tema porque mi tía vive allí.
2. En mi introducción os quiero hablar del país en general.
3. Después os voy a dar más información sobre la geografía y el clima de Guatemala.
4. Para terminar os quiero contar algo sobre las fiestas y la comida.

Schau dir im **Vokabelverzeichnis** (**Libro**, S. 174) die Rubrik **Para comunicarse** an und lerne die Redemittel für ein Referat auswendig. Du kannst außerdem den Acércate-Text (**Libro**, S. 50/51) gründlich durchlesen und dabei vorallem auf die Redemittel achten, die Diego bei seiner Präsentation benutzt.

Unidad 5 (Autocontrol, S. 42/43)

1
1. habías escrito
2. se había ido
3. había empezado
4. habíamos terminado
5. había hecho / había puesto

Wenn du Schwierigkeiten hattest:

Das pretérito pluscuamperfecto setzt sich zusammen aus dem pretérito imperfecto von dem Hilfsverb **haber** + Partizip. Schaue dir dazu im **Libro** nochmal die Seite 74 und im **Grammatikheft** die Seite 16 und in diesem **Cuaderno** die Übung 5 (S. 39) an. Diese Formen musst du auswendig lernen! Wenn du Schwierigkeiten mit den Partizipien hattest, so mache dir eine Liste, vor allem mit den unregelmäßigen Formen, und lerne diese auswendig.

2

1. Cuando **volví** ayer a casa, mi hermano ya **había hecho** la comida.
2. Cuando **llegamos** a la piscina, ya **había cerrado**.
3. Cuando **encontré** a Pablo en el cine, él ya **había comprado** las entradas.
4. Cuando **fui** el viernes a la fiesta, yo ya **había hecho** todos mis deberes.

3

1. ¿Cuándo **vuelves a hacer** una macedonia?
2. Pablo **se puso a estudiar** a las cinco de la tarde.
3. Ya es tarde y José Mario **sigue viendo** la tele.
4. Después del instituto, Laura **se pone a ver** «Amar en tiempos revueltos».
5. El jurado **vuelve a hablar** con Clara porque ella no baila bien.
6. Cuando el jurado la regaña, Clara **se pone a llorar**.
7. Carlos **volvió a perderse** su programa favorito.
8. Después de ver toda la serie, Ignacio **llega a saber** qué ha pasado en el hospital.
9. Ya es la hora de la cena, pero Antonio **sigue estudiando**.
10. Antonio **lleva horas viendo** la tele.

4

1. las mías
2. los tuyos
3. la suya
4. los míos
5. las vuestras
6. los suyos

5

1. el ordenador
2. la serie
3. el concurso
4. el canal
5. la conexión
6. el catalán
7. el móvil
8. la comunicación

Unidad 6 (Autocontrol, S. 52/53)

1

1. **tener:** tengo, tengamos
2. **estar:** esté
3. **tomar:** tomo, tomemos
4. **haber:** he, haya, hayamos
5. **poder:** pueda, podamos
6. **escribir:** escribo, escriba

2

1. Me da miedo que sea
2. Me da miedo que ponga
3. Espero que nos de
4. Espero que tengamos
5. Espero que podamos

Das pretérito indefinido drückt eine Handlung aus, die in der Vergangenheit passiert und abgeschlossen ist. Das pretérito pluscumaperfecto drückt aus, dass etwas in der Vorvergangenheit, also noch vor dem pretérito indefinido passiert war. Schaue dir im Satz genau an, welche Handlung zuerst und welche später stattgefunden hat und entscheide dich dann für die korrekte Vergangenheitsform.
Wenn du Schwierigkeiten mit der Bildung der Formen hattest, so schaue dir nochmal im **Resumen de Gramática** (S. 74) den Punkt 1 an und übe nochmal mit dem **Tándem** in diesem **Cuaderno** (S. 92).

Diese Verbalperiphrasen musst du wie eine Vokabel auswendig lernen. Sie werden im Spanischen häufig verwendet. Du findest sie im **Libro** im **Vokabelverzeichnis** (S. 175). Am besten lernst du sie in einem Beispielsatz, dann kannst du sie dir besser merken. Du kannst auch die Übungen 3 und 4 in diesem **Cuaderno** (S. 37) wiederholen.

Die Possesivpronomen ersetzen jeweils ein Substantiv im Satz und du musst sie in Genus (**maskulin** / **feminin**) und Numerus (Singular / Plural) angleichen. Da sie ein Substantiv im Satz ersetzen musst du auch noch den Artikel hinzufügen, also **mis notas** werden zu **las mías**, **tus deberes** werden zu **los tuyos**. Die Liste der Possesivpronomen lerne am besten auswendig. Du findest sie im **Resumen de Gramática** (S. 74) unter Punkt 4.

Diese Übung kannst du nur lösen, wenn du alle Vokabeln dieser Unidad gut auswendig gelernt hast. Schaue dir das **Vokabelverzeichnis** (S. 175) im **Libro** nochmal an und lerne sie gut!

Wenn du Schwierigkeiten hattest:

Die Formen des subjuntivo, vor allem die der unregelmässigen Verben, musst du auswendig lernen. Lege dir dafür am besten eine Verbkartei oder Verbliste an. Du findest eine Konjugationstabelle im **Libro** (S. 145). Die Stammform des subjuntivo leitet sich ab von dem Stamm der 1. Pers. Sg. Präsens im Indikativ, also z. B. *tom-ar*, 1. Pers. Sg. = *tom-o* wird im subjuntivo in der 1. Pers. Sg. zu *tom-a*. Dabei haben die Verbgruppen mit den Endungen **-er** und **-ir** die gleichen Endungen im subjuntivo. Schaue dir dazu in diesem **Cuaderno** (S. 46) die Übung 4 noch einmal an.

Der presente de subjuntivo steht nach bestimmten Ausdrücken, z. B. nach einem Wunsch (**espero que**) oder nach einer Gefühlsäußerung (**me da miedo que**). Diese subjuntivo-Auslöser musst du auswendig lernen, da der subjuntivo im Spanischen sehr häufig verwendet wird. Schaue dir dazu in diesem **Cuaderno** (S. 48) die Übungen 8 und 9 noch einmal an. Solltest du Fehler bei den Verbformen gemacht haben, siehe die Anmerkungen zu 1.

3

1. para que compres
2. para que prepares
3. para que la llames
4. para que puedas
5. para que termine
6. para que se alegre
7. para que saques
8. para que tengas
9. para que escriba

4

1. Esp**aña**, apro**bado**, exá**menes**.
2. arm**e**, bro**nca**
3. po**damos**, pla**ya**, Ten**go**, emp**ollar**
4. sep**tiembre**.
5. he**cho**, ten**gan**, pue**blo**.

5

1. Luz **está** mala.
2. El pastel **está** muy bueno / rico.
3. Carlos **es** muy listo.
4. **¿Estáis** listos?
5. Él **es** muy rico.
6. La sopa **está** muy rica.
7. Mi abuela **es** muy buena / rica.
8. Capitán **es** un perro malo.

6

1. Pepe coge mis cosas y no me pregunta. Me tiene de los <u>nervios</u>
2. Hace dos semanas estoy en casa de mi tía y ya hecho de <u>menos</u> a mi madre
3. El perro de Ana es grande y agresivo. Por eso me da <u>miedo</u> tocarlo.
4. A Carlos le gusta Ángela. Por eso le da <u>corte</u> hablar con ella.
5. Como no me gustaba lo que había en el comedor del instituto me he quedado con <u>hambre</u>.

7

1. guardería
2. escuela infantil
3. colegio
4. ESO
5. bachillerato
6. formación profesional

Der subjuntivo steht immer nach der Konjunktion **para que**. Dies ist ein weiterer subjuntivo-Auslöser, den du auswendig lernen musst (siehe die Anmerkungen zu 2). Lege dir am besten eine Liste der subjuntivo-Auslöser an, da noch weitere hinzukommen werden. Solltest du Fehler bei den Verbformen gemacht haben, siehe die Anmerkungen zu 1. Schaue dir auch nochmal in diesem **Cuaderno** (S. 47) die Übung 6 an.

Hier musst du das Vokabular dieser Unidad gut gelernt haben. Schaue dir das **Vokabelverzeichnis** (**Libro**, S. 178) nochmal an und lerne sie gut! Es hilft außerdem, wenn man diesen Text zunächst einmal schnell "überfliegt" und erst bei einem zweiten Lesen die Wörter einsetzt. Zum Schluss sollte man noch einmal kontrollieren, ob auch alle Verb- und Adjektivendungen richtig sind und die Verben auch in dem richtigen Tempus stehen.

Die Verben **ser** und **estar** können die Bedeutung von Adjektiven verändern, daher ist es wichtig, dass dir der Bedeutungsunterschied klar ist. Wiederhole dazu nochmal in diesem **Cuaderno** Übung 10 (S. 48) und schaue dir **Resumen de Gramática** auf Seite 86 den Punkt 2 an. Grundsätzlich kannst du dir merken, dass **estar** etwas Vorübergehendes, Aktuelles ausdrückt, während **ser** eine Charaktereigenschaft und normalerweise etwas Unveränderliches beschreibt. Merke dir dazu am besten je Verb einen typischen Satz, der dich daran erinnert.

Diese Redewendungen musst du wie Vokabeln auswendig lernen. Sie werden im Spanischen häufig verwendet. Du kannst sie im **Vokabelverzeichnis** (S. 178) im **Libro** wiederholen. Schaue dir in diesem **Cuaderno** (S. 45) Übung 2 noch einmal an und mache dir am besten eine Liste aller Redewendungen die du kennst, so kannst du immer wieder nachschauen und diese auswendig lernen.

Du musst die in dieser Unidad vorgestellten Schulstufen des spanischen Bildungssystems gut kennen, um diese Übung zu machen. Solltest du dir nicht alle gemerkt haben, so kannst du sie in **¡Acércate!** im **Libro** (S. 76/77) und in diesem **Cuaderno** (S. 44) Übung 1 wiederholen.

Unidad 7 (Autocontrol, S. 61/62)

1

1. No se tocan los cuadros.
2. Se aprenden cosas nuevas.
3. No se come.
4. No se bebe.
5. No se juega.
6. Se lee la información.

2

Seguir: siga, sigamos
Pedir: pido, pida, pidan
Ser: soy, seamos
Ir: voy, vayas

Saber: sepa, sepais
Dormir: duermo, duerma
Construir: construyo, construyas

3

1. ¡No olvides tus deberes!
2. ¡No vayas al centro!
3. ¡No pongas la música tan alto!
4. ¡No dejes tu habitación tan desordenada!
5. ¡No llegues tarde a tu casa!
6. ¡No me pidas más dinero!

Wenn du Schwierigkeiten hattest:

Wiederhole nochmals Wendung mit **se** im **Resumen de Gramática** (S. 101, Punkt 4) an und schau dir wieder die Übung 3 (S. 57) in diesem **Cuaderno** an.

Schaue dir die Bildung der unregelmäßigen Subjuntivo-formen nochmal im **Resumen de Gramática** (S. 101, Punkt 3) an.

Wiederhole nochmals die verneinten Imperative im **Resumen de Gramática** (S. 101, Punkt 2) und mach im **Cuaderno** die Übung 3 und 4 auf Seite 55.

4
1. construyan
2. tengamos
3. vayas
4. sepan
5. escuche
6. sigamos

5
1. No es justo que nos quiten
2. Es necesario que nos reunamos
3. Es necesario que contemos
4. No es justo que cierren
5. Es necesario que entiendan

6
1. ¡No te lo pierdas!
2. ¡No te preocupes!
3. ¡Esto sí que no lo aguanto!
4. ¡No es justo!
5. ¡No es para tener una bronca!

Unidad 8 (Autocontrol, S. 70)

1
1. llegue
2. tengan
3. llueva
4. vuelvan
5. llame

2
1. No creo que mañana **puedas** visitar a Marcos.
2. No creo que esa chica **se llame** Antonia.
3. No creo que tus hermanos tengan que ir al colegio el sábado.
4. No creo que tus plantas **necesiten** agua.
5. No creo que Josefina **sea** una pesada.

3
1. Sí, **me lo** regaló mi tía.
2. Sí, **se lo** tengo que entregar. / Sí, tengo que entreg**árselo**.
3. No, no **nos la** va a contar. / No, no va a cont**árnosla**.
4. No, no **se los** di.
5. Sí, **te lo** voy a contar. / Sí, voy a cont**ártelo**.

Schaue dir die Bildung der regelmäßigen und unregelmäßigen Subjuntivoformen nochmal im **Resumen de Gramática** (S. 101, Punkt 3) an.

Der subjuntivo steht immer nach **No es justo que** und **Es necesario que**. Ergänze deine Liste der subjuntivo-Auslöser mit diesen und anderen Auslösern, die du in Unidad 7 gelernt hast. Schaue dir dazu auch die Übungen 4 und 6 (S. 57/58) in diesem **Cuaderno** noch einmal an. Solltest du Fehler bei den Verbformen gemacht haben, schaue in der Konjugationstabelle im **Libro** (S. 145) nach.

Schau dir im **Vokabelverzeichnis** (S. 184) die Rubrik **Para comunicarse** an und lerne die Redemittel auswendig. Du kannst außerdem den Text (S. 94) im **Libro** gründlich durchlesen und dabei vorallem auf die Redemittel achten.

Wenn du Schwierigkeiten hattest:

Die Formen des subjuntivo, vor allem die der unregelmäßigen Verben, musst du auswendig lernen. Lege dir dafür am besten eine Verbkartei oder Verbliste an. Du findest eine Konjugationstabelle im **Libro** (S. 145). Die Stammform des subjuntivo leitet sich ab von dem Stamm der 1. Pers. Sg. Präsens im Indikativ, also z. B. *tom-ar*, 1. Pers. Sg. = *tom-o* wird im subjuntivo in der 1. Pers.Sg. zu *tom-a*. Schaue dir dazu in diesem **Cuaderno** die Übung 4 (S. 46) noch einmal an. Merke dir außerdem, dass sich bei den Verben mit der Endung **-gar/ -car** und **-zar** im subjuntivo die Schreibweise ändert, z. B. **llegar** wird zu **lle*gu*e**

Der subjuntivo wird immer bei einer verneinten Meinungsäußerung gebraucht. Dies ist eine weitere wichtige subjuntivo-Regel, die du dir merken musst. Wiederhole dazu in diesem **Cuaderno** (S. 67) die Übung 8. Solltest du die subjuntivo-Verbformen falsch gebildet haben, so siehe die Anmerkungen zu **1**.

Das direkte und indirekte Objektpronomen hast du bereits in **Apúntate 2** kennengelernt und kannst diese im **Grammatikheft** zu **Apúntate 2**, (S. 6/25/28) wiederholen, falls du sie verwechselt haben solltest.
In dieser Übung ist es wichtig zunächst im Satz das Substantiv zu erkennen, welches man durch ein Pronomen ersetzten möchte. Handelt es sich um ein direktes Objektpronomen, muss man außerdem darauf achten, ob es entweder maskulin oder feminin oder Singular oder Plural ist. Handelt es sich um ein indirektes Objektpronomen, muss man lediglich auf den Numerus (Sg. oder Pl.) achten.
Kommen zwei Objektpronomen in einem Satz zusammen, so steht das indirekte immer VOR dem direkten. Ein Merkspruch dafür ist: **se**mana antes del **me**s (d. h. **se** kommt vor **me**). **Wichtig:** Dabei wird das indirekte Objekpronomen **le** (Sg.) bzw. **les** (Pl.) zu **se!**
Zum Üben kannst du die verschiedenen Pronomina in unterschiedlichen Farben schreiben, z. B. das indirekte Objektpronomen in **grün**, damit dir auch optisch klar wird, wo welches Pronomen steht. Wiederhole in diesem **Cuaderno** nochmal die Übungen 5, 6 und 7 (S. 65/66).